Atteindre Objectifs Grâce Au Mental Fort Des Héros Et Héroïnes Défavorisés

Dr Docpolyvalent Oumarou Ousmane

Docpolyvalent France

Publication 2020 Dr Docpolyvalent Oumarou Ousmane

Nantes, France

Remerciements

Je remercie mes parents, mes proches, mes lecteurs, mes associés. Ainsi que tous les gens de valeur que j'ai rencontrés au cours de notre voyage sur la planète terre

Chère Famille des êtres humains : nous sommes si hypnotisés par les négativités qu'on oublie que nous sommes tous issus de la même famille, la famille des êtres humains ; la seule différence est qu'il y a des familles proches et moins proches ! Docpolyvalent

-Dr Docpolyvalent Oumarou Ousmane: inventeur du concept «Hypnotiser Honnêtement positivement..

-RAPPELS- Choses à Savoir Sur Les Héros Et Héroïnes Défavorisés

-Quelques Principes à Savoir Sur Les Héros Et Héroïnes Défavorisés

Pour mieux comprendre facilement les caractéristiques des héros et héroïnes défavorisés,vous devez absolument lire,les principes ci-dessous de A-à Z

1-Principe n°1-Rappels-Parmi les héros et héroïnes défavorisés,il y a des riches,des pauvres,il y a des noirs,des blancs,des arabes,des asiatiques,…,il y a des entrepreneurs,des salariés,il y a des stars,il y a des gens ordinaires,il y a des fils des riches,il y a des fils de pauvres..

2-Principe n°2-Il y a des héros défavorisés parmi les hommes et parmi les femmes

3-Principe n°3-il y a des héros défavorisés parmi les pauvres et parmi les riches

4-Principe n°4-il ne suffit pas d'avoir du succès et richesse pour être héros défavorisé,il y a des milliardaires, champions et stars qui ne sont pas héros (défavorisés) !

5-Principe n°5-être défavorisé ne signifie pas être pauvre en échec..

6-Principe n°6-Ce livre peut vous aider quelle que soit votre origine,quel que soit votre milieu social…

7-Principe n°7-Ce livre peut aussi aider les gens à découvrir l'univers et les secrets des héros défavorisés,mais ce livre a aussi pour challenge et objectif de permettre aux gens de s'inspirer des attitudes des héros et héroïnes défavorisés pour augmenter leur chance d'atteindre des objectifs

(-Les conditions à remplir pour être héros défavorisés) ?

8-Principe n°8-il ne suffit pas d'être défavorisé pour être héros défavorisé

9-Principe n°9-être défavorisé n'est pas synonyme de pauvreté de faiblesse,non,il y a des riches et des pauvres parmi les héros défavorisés,aussi,il y a des pauvres et des riches qui ne sont pas héros défavorisés

10-Principe n°10-dans l'univers,des héros défavorisés,il ne suffit pas de bosser dur pour réussir,il ne suffit pas non plus de travailler plus dur que les gens favorisés,l'effort est important,mais ne suffit pas pour réussir dans la vie des héros défavorisés(en effet pour réussir dans la planète des héros défavorisés,il faut faire preuve de beaucoup plus d'efforts de stratégies de forces mentales,de résilience,de gratitude,de patience de persévérance,d'optimisme,de partenariat gagnant-gagnant..), que les gens favorisés
-Alerte,(il y a des exceptions,les gens défavorisés super chanceux,ou ceux qui ont réussi en vendant leur âme au diable pour réussir,ou ceux qui ont profité du quota réservé aux gens défavorisés(ces types d'individus ne sont pas des héros défavorisés)

11-Principe n°11-.être défavorisé ne veut pas dire être inférieur aux gens favorisés(non)

12-Principe n°12-être héros défavorisé peut être une expérience temporaire ou durable permanente(puisque c'est toujours par rapport à quelqu'un..)

13-Principe n°13-Même si ils sont parfois victimes de discriminations et d'injustices,les héros défavorisés conservent leurs valeurs,ils font tout pour ne pas commettre discrimination et injustice,ils ont des attitudes humanistes,solidaires,sociables,dignes...

14-Principe n°14-à la différence de certains nouveaux riches manipulateurs,et certains coachs experts qui sont en illusion) les héros défavorisés savent(inconsciemment ou consciemment)qu'il y a des chances qu'on peut créer et des chances qu'on ne peut pas créer(celles qui nous tombent dessus)

15-Principe n°15-Contrairement à certains nouveaux riches manipulateurs,et certains coachs experts qui sont en illusion)les héros défavorisés,ne se laissent pas manipuler par le mot victimisation(un mot,qui a été inventé,pour empêcher les vraies victimes de s'exprimer)les héros défavorisés sont conscients du fait que,le fait d'être victime n'est pas forcement synonyme de faiblesse,ce qui est synonyme de faiblesse c'est le fait de devenir **victime volontaire pessimiste volontaire**,une victime qui n'a pas envie de sortir de sa situation de victime ou victime qui a choisi de se plaindre au lieu de faire des efforts pour s'en sortir de sa situation de victime!Après tout,chaque être humain est victime de quelque chose(conditionnements négatifs,positifs...)

16-Principe n°16 les héros défavorisés ne mettent pas tout le monde dans le même bateau,ils savent que dans chaque pays,dans chaque culture,dans chaque catégorie socio professionnelle,dans chaque origine,il y a des gens justes et des gens injustes,des gens bien et des gens mauvais**(ils ne nient pas le fait que certaines catégories socio-culturelles sont beaucoup plus discriminées que d'autres)**

-les héros défavorisés n'ont pas peur de dire non à l'injustice et discrimination,ils refusent la manipulation de groupe qui incite les gens à se taire à ignorer discrimination,injustice(sauf exception)

-Les héros défavorisés ne mettent jamais tout le monde dans le même bateau,ils n'aiment pas généraliser,ils savent que dans chaque catégorie socioculturelle,il y a des gens positifs et des gens négatifs
-ils ne disent jamais (tous les gens de cette origine sont comme ça,ou tous les gens de cette catégorie socio-culturelle sont comme ça,..tous les hommes sont comme ça,toutes les femmes sont comme ça,non,non non non non non,ils sont beaucoup plus malins et cultivés pour dire ça,pour généraliser..

17-Principe n°17 un des points communs des héros défavorisés c'est qu'ils savent qu'en général pour atteindre leurs objectifs,**ils doivent faire preuve de beaucoup plus d'efforts,de forces mentales,de stratégies,de sagesses,de patience,de persévérance,de résilience de gratitude, d'optimisme**...que les gens favorisés!Mais cela ne les décourage pas,ils savent que plus ils développent leur mental des héros défavorisés,plus ils augmentent leurs chances de persévérer et de réussir là où les gens favorisés sont découragés..

Quelques Citations

1. Plus vous développez un mental fort des héros défavorisés,plus vous augmentez vos chances de persévérer et réussir là où les gens favorisés sont découragés. **Dr Docpolyvalent Oumarou Ousmane**

2-Il y a des héros et héroïnes invisibles par les yeux,mais visibles par le coeur **Dr Docpolyvalent Oumarou Ousmane**

3.Ceux qui te critiquent(injustement)ne sont pas mieux que toi,tu es peut-être héros ou héroïne invisible par les yeux mais visibles par le coeur. **Dr Docpolyvalent Oumarou Ousmane**

4-Ce n'est pas parce que tu as échoué 999 fois que tu vas échouer la 1000 ème fois!Certains échecs te rapprochent de la réussite
-Ne jamais arrêter de tenter . **Dr Docpolyvalent Oumarou Ousmane**

5-Certains ont échoué pendant 1an,5ans,10ans..avant d'atteindre leurs objectifs.
-Ne jamais abandonner rêve,espoir... **Dr Docpolyvalent Oumarou Ousmane**

6-Ne jamais se tromper de priorités
-prenons l'habitude de focaliser le cerveau sur les priorités et non pas sur les choses négatives inutiles déprimantes etc..
Dr Docpolyvalent Oumarou Ousmane

7-Tu n'es pas nul/nulle,tu es peut-être héros ou héroïne invisible par les yeux mais visible par le coeur
-Ne perds pas confiance en toi à cause des échecs temporaires et difficultés . **Dr Docpolyvalent Oumarou Ousmane**

8-Pour être heureux,pratiquez la gratitude,focalisez votre attention sur tout ce dont vous avez la chance d'avoir au lieu de souffrir en pensant à ce que vous n'avez pas . **Dr Docpolyvalent Oumarou Ousmane**

9-Soyez fier de vous toute suite,sans attendre d'obtenir quoi que ce soit,vous avez déjà tout ce qu'il faut pour être fier de vous,même si la société et les conditionnement négatifs de gens négatifs essaient de vous convaincre du contraire. **Dr Docpolyvalent Oumarou Ousmane**

CONTACT

Pour Contacter docpolyvalent, ses associations-ONG, ses clubs de partenariats,de solidarités,et voir ses nouveautés, événements,actualités,newsletter :

-Site internet :www.DocPolyvalent.fr

-DocPolyvalent@gmail.com

-Pour tenter d'obtenir livre(gratuitement) :http://eepurl.com/gnglur

-Facebook : Docpolyvalent écrivain...

-Groupe Facebook : Club Yes Partenariat Gagnant Gagnant, Club Yes Se Soutenir ..

-YouTube : Docpolyvalent

-Instagram : Docpolyvalent

-Twitter : Docpolyvalent

-Pour rejoindre gratuitement la liste des membres privilégiés qui reçoivent des avantages et qui sont au courant des opportunités, événements, Discussions, conférences... :

-Vous avez la possibilité de vous désabonner à tout moment gratuitement, même si ça n'arrive pas souvent de voir un membre se désabonner, la plupart des membres préfèrent rester membres ; Voici le lien, dont il faut cliquer et confirmer après, si non, le site ne prendra pas en compte :

http://eepurl.com/gnglur

-etc.

-Dr Docpolyvalent, auteur à succès et fondateur de plusieurs associations, ONG, et plusieurs grands groupes de solidarité, partenariat, soutiens….

Auteur engagé pour encourager les autres et créer espoir, solidarité, optimisme, estime de soi.

INTRODUCTION

-Un des objectifs de ce livre,c'est de montrer aux gens des secrets et stratégies pour augmenter chances d'atteindre divers objectifs en s'inspirant des **attitudes et mental fort** des héros et héroïnes défavorisés

Rappels-Parmi les héros et héroïnes défavorisés,il y a des riches,des pauvres,il y a des noirs,des blancs,des arabes,des asiatiques,…,il y a des entrepreneurs,des salariés,il y a des stars,il y a des gens ordinaires,il y a des fils des riches,il y a des fils de pauvres..

-il ne suffit pas d'être défavorisé face à quelqu'un pour être héros défavorisé car certaines personnes défavorisées ont réussi en profitant du quota réservé aux gens défavorisés,ou en vendant leurs âmes au diable(en faisant du buzz négatif,en humiliant leur propre famille ou d'autres personnes,ou par chance...)

expérience personnelle :
je me souviens,que lors d'un entretien d'embauche!la personne chargée d'envoyer les cv,me disait,tu as un cv extraordinaire,tu peux commencer à te préparer pour occuper ce poste,tu vas être embauché,puisque ton cv est beaucoup plus intéressant que les cv des gens dont ils ont l'habitude d'embaucher

-Après quelques instants de silence et d'étonnements face à son enthousiasme,j'ai commencé à me poser des questions au fond de moi même
«cette personne me parle avec certitude,comme si,mon cv était déjà accepté
-a-t-elle oublié le fait que je suis moins favorisé que les gens dont ils avaient l'habitude d'embaucher sur des postes clés?

-C'est ainsi que j'ai décidé de m'inspirer à nouveau du mental fort et attitudes des héros défavorisés pour augmenter mes chances d'atteindre mes objectifs sur business,bien-être etc .

-(sauf exception)-je sais que pour réussir les héros défavorisés font preuve de beaucoup plus de forces mentales,de stratégies,d'efforts,de patience de persévérance de gratitude de résilience,d'optimisme...que les gens qui sont beaucoup plus favorisés que eux.

I Face à un objectif à atteindre,il y a souvent des gens beaucoup plus favorisés que d'autres!Même si certains pseudos experts essaient de nous convaincre du contraire ! Par exemple Mr A peut être beaucoup plus favorisé que Mme B et Mme B peut-être beaucoup plus favorisée que Mr C ainsi de suite
-Cela ne veut pas dire qu'il faut baisser les bras,cela ne veut pas dire que la chute est permanente

-cela veut dire que(sauf exception)pour réussir les personnes défavorisées doivent agir différemment des gens favorisés,c'est pour ça que pour réussir les héros défavorisés font preuve de beaucoup plus de forces mentales de stratégies,d'effort,de patience de persévérance,de gratitude,de résilience,d'optimisme..que les gens qui sont beaucoup plus favorisés que eux,or les pseudos experts encouragent tout le monde à agir de la même façon que tout le monde,c'est en partie,ce qui explique l'échec de beaucoup de gens
-En effet beaucoup de gens échouent parce qu'ils essaient de réussir en s'inspirant uniquement des mentors qui sont beaucoup plus favorisés que eux!Je répète aux gens ceci :Certes pour réussir,vous pouvez vous inspirer même des gens beaucoup plus favorisés que vous mais il n'en demeure pas moins que vous devez agir différemment des gens qui sont beaucoup plus favorisés que vous!car pour réussir,les gens qui sont beaucoup plus favorisés que vous n'ont nul besoin de faire preuve de tant d'efforts et stratégies que vous

IMPORTANT :-un exercice composé de quelques questions,se trouve vers la fin du livre!un exercice sur le sujet des héros et héroïnes défavorisés

1.-Attitudes,Et Habitudes des héros et héroïnes défavorisés

-Attitudes des héros défavorisés pour atteindre des objectifs (face aux obstacles,difficultés…)

Citation :si vous ne faites rien pour arrêter l'injustice c'est comme si vous êtes quelque part complice(consciemment ou inconsciemment)!**martin luther king**

Histoire De Viktor Frankl

C'est l'histoire de l'homme qui a eu la chance de survivre dans un horrible camp de concentration !Certes,il a eu de la chance,mais d'autres parts,Victor Frankl avait expliqué,l'état d'esprit qui lui avait permis d'augmenter sa chance de s'en sortir vivant du camp de concentration!

(Comme j'aime le dire,il y a 2 types de chances,il y a des chances qu'on peut créer et des chances qu'on ne peut pas créer(celles qui nous tombent dessus ou pas)

-Pour rester motivé,et pour augmenter sa chance de s'en sortir vivant de l'horrible camp de concentration,viktor Frankl avait choisi de focaliser son attention,sur ses projets futurs,ainsi que sur des solutions pour s'en sortir,il avait refusé de perdre espoir,il avait refusé se focaliser le pessimisme et la peur

-Cette histoire inspirante de Viktor Frankl a enseigné au monde l'importance de l'état d'esprit de focus,et l'importance de donner un sens à sa vie

-

.Alors que beaucoup de gens ont tendance à se décourager à abandonner leurs rêves face aux obstacles et difficultés,les gens qui ont développé le mental des héros défavorisés ont tendance à tout faire,sauf abandonner leurs rêves.Cela s'explique en partie par le fait que les héros défavorisés ont l'habitude de fournir beaucoup plus d'efforts que les autres pour atteindre leurs objectifs.De même ils savent que la plupart des difficultés sont temporaires.

En effet à la différence de beaucoup de gens qui s'attendent à ce que tout soit facile,les héros défavorisés,savent qu'il est impossible d'atteindre certains objectifs,sans avoir rencontré des difficultés temporaires;c'est aussi pour ça qu'ils se préparent à affronter n'importe quel obstacle,en développant mental fort et,stratégies efficaces

S1.Stratégies des héros défavorisés «pour atteindre des objectifs»

a.Pour augmenter leurs chances d'atteindre des objectifs,la plupart des héros défavorisés commencent par s'engager à faire preuve de beaucoup plus de forces mentales,d'efforts stratégies,de persévérance,de patience,de résilience de gratitude,d'optimisme,... que les gens favorisés

-En effet,alors que beaucoup de gens favorisés ont l'habitude de se décourager et d'abandonner leurs rêves lorsque la réussite tarde à arriver,les héros défavorisés ont l'habitude de persévérer et de modéliser les autres héros défavorisés en :

-En élaborant un plan d'action beaucoup plus efficace que celui des gens favorisés

-En développant potentiel de persévérance et patience,pour mieux persévérer et atteindre des objectifs

-en utilisant la loi de 80/20**(en faisant preuve de beaucoup plus de détermination que les gens favorisés)**

-en se servant de la neuroplasticité du cerveau

-en agissant de manières quantitatives et qualitatives

-en agissant en groupe équipe**(en persévérant même là où les gens favorisés sont découragés)**

-en se servant de la puissance des lois naturelles et scientifiques**(en restant optimistes même là où les gens favorisés ont perdu tout espoir)**

-en s'inspirant des neurosciences**(en bossant même là où les gens favorisés sont fatigués)**

-en s'inspirant des découvertes sur l'épigénétique,physique quantique..

-en modélisant les attitudes des gens qui réussissent le plus

-en se fixant des objectifs.**(en sortant de la zone de confort,même là où les gens favorisés sont restés tranquilles dans leur zone de confort)**

-en lisant des livres inspirants,de développement personnel,biographie…

-en faisant des plans d'actions efficaces

-en sortant de la zone de confort

-En reconditionnant le cerveau

-en formant mastermind

-en développant relations positives

-en développant partenariat de type gagnant-gagnant

-en pratiquant la gratitude,en appliquant le principe qui encourage à remercier pour tout ce qu'on a la chance d'avoir au lieu de souffrir en pensant à ce qu'on n'a pas .En remerciant d'avoir,vie,famille,mains,relations,corps,santé..

-etc.

-En adoptant l'habitude qui consiste à construire l'identité de super discipliné,en se fixant de petits objectifs quotidiens puis de longs et moyens objectifs

-En décidant de ne jamais utiliser des excuses pour justifier un éventuel manque de bonheur,en prenant la décision de faire des bons choix dans toutes situations,en décidant de ne plus laisser les autres et les facteurs négatifs décider de leur vie, les facteurs négatifs, comme la peur des regards des autres ,la peur des critiques,l'ego, le diable le faux moi, le moi conditionné, l'inconscient la partie inconsciente du cerveau ,..»

-En Pensant à des idées similaires à ma puissante citation(docpolyvalent):«(Sauf exception) quand vous sentez la peur,le stress, la honte, la fatigue, la paresse, le découragement, le désespoir... c'est à ce moment que vous devez absolument vous différencier des gens négatifs irresponsables démotivés, losers ; les losers irresponsables se découragent dans ce genre de situation, mais pas vous»

-En faisant de la visualisation positive

-En pratiquant de la gratitude

-En faisant des affirmations positives optimistes

-En méditant

-En pensant au fait que la force invisible peut aider à atteindre des objectifs qui semblent impossibles pour les êtres humains(pour preuve il y a des miracles et de l'ordre dans la nature)

-En se visualisant en train de vivre la vie de leurs rêves.

-En ayant des mentors adaptés à leurs situations

-En refusant d'être découragés par les obstacles

-En refusant d'avoir peur des difficultés et challenges

-Etc.

Une Des Parties Les Plus Intéressantes De Ce Livre

> Ne laissez ni l'ego,ni les critiques des gens négatifs haineux ,jaloux,pervers narcissiques,...consommer votre énergie vitale.vous avez beaucoup de qualités et talents;restez confiant et fier de vous !
>
> -les difficultés,échecs et soucis peuvent se transformer en avantages
>
> -Certaines difficultés sont des opportunités déguisées en cauchemars ! Docpolyvalent

2..-Attitudes,Et Habitudes des héros et héroïnes défavorisés

-Attitudes des héros défavorisés pour créer ou garder « bonheur » (face aux obstacles,difficultés…)

citation-Platon : on ne peut faire esclave d'un être libre car un tel être est libre même en prison.Platon

-cette citation nous rappelle que la grosse prison est dans la tête,car on se promène partout avec sa tête

Sagesse -inspirée de -NELSON MANDELA

Mandela a dit :«j'ai réussi à pardonner à ceux qui m'ont traité injustement,en maîtrisant mon cerveau!Nelson mandela

-citation inspirée des sagesses de nelson maldela l'homme qui pardonna aux gens qui l'ont torturé et emprisonné à tort pendant de longues années;mandela disait que si il refusait de pardonner c'est comme si il restait encore en prison

-Ces sagesses de mandela ont changé la vie de beaucoup de gens

Histoire De La Femme Qui Réussi à Garder Sa Joie De Vivre Dans Un Horrible Camp De Concentration

-C'est l'histoire d'une femme qui a réussi à garder sa joie de vivre jusqu'au bout,et cela dans un horrible camp de concentration!Elle a écrit quelque chose de semblable à ces mots:» malgré,la torture,les nazis ont pu m'enlever presque tout sauf ma joie de vivre,ils n'avaient pas réussi à m'enlever ma joie de vivre»

-Cette femme inspirante nous enseigne la puissance du mental,du focus,des attitudes,la puissance de la liberté intérieure,la liberté de penser comme on veut,et surtout la liberté de croire ou de ne pas croire à ce qu'on veut nous faire croire..

Face aux difficultés,beaucoup de gens se sentent incapables d'attirer ou de garder le bonheur .De même si certains n'arrivent pas à trouver ou à garder le bonheur pendant longtemps,c'est aussi parce qu'ils ont des attitudes et habitudes qui vont dans le sens opposé du bonheur.
Beaucoup de gens pensent à tort que le bonheur,vient de l'extérieur,des choses extérieures,au lieu de l'intérieur.beaucoup de gens semblent ignorer l'idée qu'on ne peut pas compter sur les autres pour nous rendre heureux,pour être heureux,il faut d'abord prendre soin de son monde intérieur..
-Sa sainteté le dalai lama avait souligné ceci :«certes le confort,les facteurs extérieurs,peuvent contribuer au bonheur,jusqu'à un certain petit niveau,mais il n'en demeure pas moins que ce ne sont pas les meilleures sources de bonheur

S2.Stratégies des héros défavorisés «pour créer ou garder « bonheur »

-Pour être heureux,les héros défavorisés choisissent d'agir différemment des gens favorisés,**ils s'engagent à être beaucoup plus résilients,beaucoup plus forts mentalement que les gens favorisés**
-En effet l'un des secrets du bonheur des héros défavorisés,réside dans le fait qu'ils n'agissent pas par hasard,ils élaborent des plans d'actions beaucoup plus efficaces que ceux des gens favorisés,

-Pour être heureux,les héros défavorisés s'inspirent des autres héros défavorisés

-en pratiquant la gratitude de la façon la plus efficace qui soit,**(en faisant preuve de beaucoup plus de détermination que les gens favorisés)**

-en développant leur potentiel de patience,de persévérance,

-en agissant en groupe,équipe..

-en développant l'optimisme**(en persévérant même là où les gens favorisés sont découragés)**

-en adoptant un mode de vie qui favorise la libération des neurotransmetteurs de bonheur,comme la sérotonine,la dopamine..

-en se focalisant sur du positif **(en restant optimistes même là où les gens favorisés ont perdu tout espoir)**

-En donnant un sens à leurs vies et à ce qui leur arrive

-En décidant ne pas être bloqué par les critiques

-« En décidant de faire effort maximum pour ne jamais utiliser les fausses excuses

.En prenant la décision d'agir comme les gens super responsables motivés winners,en assumant les conséquences de leurs choix

.En Démontrant aux autres qu'ils ont tort de les sous-estimer,

-En Pensant à des idées similaires à ma puissante citation(docpolyvalent): «(Sauf exception) quand vous sentez la peur, le stress, la honte, la fatigue, la paresse, le découragement, le désespoir... c'est à ce moment que vous devez absolument vous différencier des gens négatifs irresponsables démotivés, losers ; les losers irresponsables se découragent dans ce genre de situation, mais pas vous»

-En faisant de la visualisation positive

-En pratiquant de la gratitude

-En faisant des affirmations positives optimistes

-En méditant

-Etc

Une Des Parties Les Plus Intéressantes De Ce Livre

Libérez -vous de l'habitude de vous culpabiliser,pardonnez à vous même,vos erreurs peuvent se transformer en avantages;

Nourrissez votre esprit ainsi que votre âme avec des pensées et idées,d'estime de soi,d'amour de soi,de valorisation de soi ..,ignorez les critiques des autres,ne laissez pas aux haineux,l'opportunité de pourrir votre vie.

3.-Attitudes,Et Habitudes des héros et héroïnes défavorisés

-Attitudes des héros défavorisés pour créer ou garder « Liberté Financière » (face aux obstacles,

difficultés...)

«La folie c'est continuer de faire la même chose et d'espérer avoir des résultats différents!Albert Einstein »

En s'inspirant de la célèbre citation de einsten,on voit l'importance de changer et tester d'autres approches pour avoir des résultats différents.Par conséquent,je vous recommande de tester d'autres approches,d'autres idées,d'autres disciplines, là où certaines disciplines ont échoué !

-Nul besoin de vous préciser que face aux obstacles et difficultés beaucoup de gens abandonnent ou négligent leurs rêves,ils s'auto-hypnotisent négativement en pensant qu'aux négativités,obstacles,difficultés au lieu de chercher des solutions.
-C'est ainsi qu'aux moindres signes d'adversités beaucoup de gens abandonnent ou négligent leurs rêves de créer ou de garder la liberté financière

b.Les héros défavorisés
-à la différence des gens favorisés,les gens qui ont développé le mental des héros défavorisés ne négligent pas leurs rêves d'avoir la liberté financière,même en cas de périodes difficiles remplies d'adversités et négativités

S3.Stratégies des héros défavorisés pour « créer ou garder Liberté Financière »

Pour créer ou garder la liberté financière,les héros défavorisés s'engagent à faire preuve de beaucoup plus de compétences financières,de forces mentales,de stratégies et d'efforts que les gens favorisés;C'est pourquoi ils n'hésitent pas à élaborer des plans d'actions super efficaces super dynamiques afin de mieux créer ou garder la liberté financière
-Parmi les secrets des réussites et progrès des héros défavorisés,on peut souligner le fait qu'ils sont beaucoup plus persévérants,résilients,optimistes,..et patients que les gens favorisés,ils aiment développer leur potentiel de persévérance, patience..,

-Pour attirer ou garder la liberté financière, les héros défavorisés aiment s'inspirer des autres héros défavorisés

-en étudiant les secrets de la liberté financière**(en faisant preuve de beaucoup plus de détermination que les gens favorisés)**

-en étudiant les secrets de l'investissement**(en persévérant même là où les gens favorisés sont découragés)**

-en maîtrisant les dépenses**(en restant optimistes même là où les gens favorisés ont perdu tout espoir)**

-en devenant beaucoup plus créateurs que consommateurs

-en lisant les biographies des autres héros défavorisés

-en lisant des livres traitant de la liberté financière, développement personnel

-en ayant des mentors adaptés à leurs cas

-en agissant de manières quantitatives,qualitatives ,productives…

-En considérant la vie comme un challenge

.en refusant de se comporter comme les gens négatifs irresponsables démotivés losers

.En pensant au fait que les autres ne sont pas mieux placés que eux pour atteindre des objectifs

-En célébrant progrès,efforts,réussites…

-En Pensant à des idées similaires à ma puissante citation(docpolyvalent): «(Sauf exception) quand vous sentez la peur, le stress, la honte, la fatigue, la paresse, le découragement, le désespoir... c'est à ce moment que vous devez absolument vous différencier des gens négatifs irresponsables démotivés, losers ; les losers irresponsables se découragent dans ce genre de situation, mais pas vous»

-En faisant de la visualisation positive

-En pratiquant de la gratitude

-En faisant des affirmations positives optimistes

-En méditant

-Etc

Une Des Parties Les Plus Intéressantes De Ce Livre

Pour augmenter votre énergie vitale,n'hésitez pas à développer votre estime de vous même.

Ne vous fiez pas aux conditionnements négatifs et critiques des autres,vous avez déjà tout ce qu'il faut pour être fer de vous même

4.-Attitudes,Et Habitudes des héros et héroïnes défavorisés

-Attitudes des héros défavorisés pour créer ou garder « Succès » (face aux obstacles,difficultés…)

face aux obstacles,et difficultés,nombreux sont les gens qui arrêtent de chercher du succès,nombreux sont les gens qui se découragent

-Les héros défavorisés sont des gens qui ne se découragent pas,même en cas de difficultés,obstacles;ils savent que les difficultés,échecs et soucis peuvent se transformer en avantages,opportunités
-De même,ils n'hésitent pas à essayer de transformer les difficultés en opportunités,avantages

Citation

Il n y a rien de bon ou de mauvais,jusqu'à ce que l'esprit en décide ! William Shakespeare

Autrement dit,à part quelques exceptions,on ne connaît rien de bon ou de mauvais,jusqu'à ce que l'esprit en décide

-Cette citation a changé ma vie ;j'ai l'habitude de dire que,nous sommes souvent si « hypnotisés » par les conditionnements et les critiques des autres,qu'on oublie que les critiques,les conditionnements,et les critères de sociétés ne sont que des jugements des cerveaux des autres personnes,leurs avis et rien de plus.Ce n'est pas ce qui nous arrive qui est la plus grande source de bonheur ou de souffrance,mais la façon dont notre cerveau interprète ce qui nous arrive,notre esprit peut interpréter de manières positives ou négatives sauf exception)
-De même les difficultés,échecs et problèmes peuvent se transformer en bonheur,opportunités,espoir,avantages

S4.Stratégies des héros défavorisés pour «créer ou garder Succès »

-Dans le but d'attirer ou de garder le succès,les héros défavorisés décident de faire preuve de beaucoup plus d'efforts,de stratégies,de forces mentales,d'optimisme,de résilience de gratitude,de persévérance,de gratitude..que les gens favorisés;ils élaborent des plans d'actions efficaces,ils s'engagent à être beaucoup plus persévérants et patients que les gens favorisés

-Pour mieux attirer ou garder le succès,les héros défavorisés modélisent les autres héros défavorisés à succès,

-en faisant plus d'efforts que les gens favorisés

-en agissant en groupe,équipe**(en faisant preuve de beaucoup plus de détermination que les gens favorisés)**

-en créant des partenariats de type gagnant gagnant **(en restant optimistes même là où les gens favorisés ont perdu tout espoir)**

-en utilisant la loi de 80/20,

-en agissant de manières quantitatives et qualitatives en agissant en groupe,équipe**(en persévérant même là où les gens favorisés sont découragés)**

-en lisant des livres sur le succès

-en utilisant la puissance des lois naturelles

-en ayant des mentors adaptés à leurs cas

-En considérant que certaines difficultés sont des épreuves qui peuvent aider à grandir,à devenir plus fort mentalement..

.En Décidant de rester dans l'équipe des gens super responsables motivés winners…

-Etc.

Une Des Parties Les Plus Intéressantes De Ce Livre

Contrôlez les pensées,idées et croyances qui traversent et hypnotisent votre esprit de manières négatives,ne laissez pas les autres hypnotiser votre âme,votre esprit,votre corps ….de manières négatives

5.-Attitudes,Et Habitudes des héros et héroïnes défavorisés

-Attitudes des héros défavorisés pour «créer ou garder L'Amour »

(«face aux obstacles,difficultés...)

Citation

-Tout ce que je sais,c'est que je ne connais rien et ceux qui pensent connaître font une confusion double,erreur au carré! Socrate

-Nous avons presque tous entendu parler des histoires d'amour qui se sont arrêtées de manières inattendues,à la suite des obstacles et difficultés

-En effet beaucoup de gens n'hésitent pas à changer d'attitudes ou à quitter leurs conjoints(tes) dès qu'il y a moindres traces de soucis,obstacles..;c'est là une des grandes différences entre les héros défavorisés et les gens qui se découragent dès qu'il y a moindre trace d'obstacles,soucis..

-les héros défavorisés savent qu'il n y a pas d'amour sans obstacle,soucis,challenge

S5.**Stratégies des héros défavorisés pour** «créer ou garder L'Amour »

Sans surprise,pour attirer ou garder l'amour,les héros défavorisés s'engagent à agir différemment des gens favorisés,ils s'engagent à faire preuve de beaucoup plus d'efforts,de stratégies,de sagesse,de patience de gratitude,d'optimisme,de sport,..que les gens favorisés

-En effet,à la différence des gens favorisés qui se découragent dès que l'amour romantique tarde à se manifester,les héros défavorisés ,ne se découragent pas,ils ont l'habitude de faire preuve de beaucoup plus de patience de persévérance,de stratégies de résilience,d'optimisme,de confiance,de gratitude,et d'efforts pour obtenir ce qu'ils veulent,

ils s'inspirent des autres héros défavorisés

-en s'inscrivant sur plusieurs sites de rencontres

-en cultivant leur optimisme**(en faisant preuve de beaucoup plus de détermination que les gens favorisés)**

-en prenant soin de leur corps**(en restant optimistes même là où les gens favorisés ont perdu tout espoir)**

-en prenant soin de leur mental

-en étudiant les attentes des personnes dont ils ont envie de séduire ou de garder**(en persévérant même là où les gens favorisés sont découragés)**

-en refusant de se comporter en mode needy,en refusant de passer pour des désespérés

-en tentant leur chance avec beaucoup de gens

-en étudiant la séduction

-en lisant les livres traitant de séduction,amour..

-en ayant une vie passionnante

-En montrant aux autres qu'ils ont tort de les sous-estimer

.En Répétant qu'il est très possible d'atteindre les objectifs qui semblent impossibles»

-Etc.

Une Des Parties Les Plus Intéressantes De Ce Livre

> N'ayez pas peur des changements,plus vous restez confiant optimiste,plus vous décuplerez vos chances de voir les changements se transformer en sources d'opportunités,bonheur,réussites. Soyez fier de vous,vous méritez cela,imprégnez votre âme votre cœur et votre cerveau avec les sensations que véhiculent et génèrent ces genres de pensées.

6.-Attitudes,Et Habitudes des héros et héroïnes défavorisés

-Attitudes des héros défavorisés pour«créer ou garder Bien -Être »
(«face aux obstacles,difficultés…)

.Face aux difficultés beaucoup de gens n'hésitent pas à sacrifier leur bien -être.
-Les gens qui ont développé un mental des héros défavorisés sont des gens qui ne négligent pas leur bien -être même en cas difficultés et conflits .Pour privilégier leur bien-être,les héros défavorisés s'engagent à ne jamais négliger leur bien-être,même quand ils traversent de périodes difficiles,même quand rien ne semble marcher pour eux

S6.Stratégies des héros défavorisés pour «créer ou garder Bien -Être »

Alors que beaucoup de gens favorisés ont l'habitude de se décourager et de négliger leur bien-être dès qu'ils se trouvent dans des situations difficiles,les héros défavorisés ne se découragent pas et ne négligent jamais leur bien-être. Ils sont beaucoup plus résilients,et persévérants que les gens favorisés

-Les héros défavorisés ne sont pas du genre à négliger leur bien-être,c'est pour ça qu'ils sont prêts à s'inspirer des autres héros défavorisés :

-en privilégiant le bien-être**(en faisant preuve de beaucoup plus de détermination que les gens favorisés)**

-en mangeant sainement

-en pratiquant la gratitude**(en persévérant même là où les gens favorisés sont découragés)**

-en lisant des livres traitant de bien-être,bonheur...

-en pensant positivement **(en restant optimistes même là où les gens favorisés ont perdu tout espoir)**

-en passant du temps dans la nature

- en faisant beaucoup plus d'efforts que les gens favorisés

-en développant l'optimisme

-En adoptant l'habitude qui consiste à construire l'identité de discipliné en se fixant de petits objectifs quotidiens puis de longs

-En considérant que« l'inconfort et la souffrance sont temporaires, ils sont là pour préparer l'arrivée du bonheur, le bonheur va arriver »

-Etc.

Une Des Parties Les Plus Intéressantes De Ce Livre

Chaque jour,chassez de votre subconscient,les graines de racisme,haine, stress,peurs

,rancune,jalousie,haine,égo…;ces monstres

consomment votre énergie vitale et votre créativité.plus vous êtes fier de vous,plus vous décuplez vos chances d'attirer et où de garder bonheur,réussite..!soyez donc fier de vous au quotidien

7.-Attitudes,Et Habitudes des héros et héroïnes défavorisés

-Attitudes des héros défavorisés pour«maîtriser poids santé,

énergie»

(«face aux obstacles,difficultés…)

Alors que beaucoup de gens inventent des excuses pour justifier leur prise de poids,les gens qui ont développé le mental des héros défavorisés assument leurs parts de responsabilité,ce qui leur permet d'agir efficacement afin de trouver solution.

-Par exemple lorsqu'ils ont mangé des aliments trop caloriques et trop sucrés,les gens qui ont développé le mental des héros défavorisés commencent par avouer et assumer leurs dérapages,leur exagération,leurs erreurs;sans oublier de programmer un plan d'action pour compenser leurs erreurs et dérapages ;

Par exemple lorsqu'ils ont trop mangé de gras et de sucre lors d'une fête ou d'une soirée,les gens qui ont développé le mental des héros défavorisés peuvent prévoir de compenser en envisageant de consommer trop peu de calorie le lendemain ou en envisageant de dépenser beaucoup de calories le lendemain en marchant en faisant du vélo..

Citation
Ne jamais se décourager,certaines difficultés sont des opportunités déguisées en cauchemars!Dr Docpolyvalent Oumarou Ousmane

En cas de difficultés,beaucoup de gens choisissent de négliger leur poids,leur santé,leur énergie...en se justifiant avec des excuses

S7.Stratégies des héros défavorisés pour «maîtriser poids santé,énergie»

Afin de décupler leur chance de maîtriser poids,santé, énergie,les héros défavorisés s'engagent à faire preuve de beaucoup plus de maîtrise de soi,de discipline que les gens favorisés

-Dans le but de mieux maîtriser «poids,santé,énergie »les héros défavorisés s'inspirent des autres héros défavorisés : **(en restant optimistes même là où les gens favorisés ont perdu tout espoir)**

-en privilégiant les aliments moins caloriques,moins sucrés..**(en faisant preuve de beaucoup plus de détermination que les gens favorisés)**

-en diminuant la consommation du sucre

-en programmant par avance les aliments à manger**(en persévérant même là où les gens favorisés sont découragés)**

-en faisant le jeûne intermittent léger

-en mangeant des fruits et légumes de qualité

-En se créant un mantra de winners

-etc

Une Des Parties Les Plus Intéressantes De Ce Livre

Plus vous êtes fier de vous plus vous augmentez vos chances d'attirer et de garder:énergie,bonheur

,amour,réussite,bien-être…

8.-Attitudes,Et Habitudes des héros et héroïnes défavorisés

-Attitudes des héros défavorisés pour«créer ou garder motivation» («face aux obstacles,difficultés...)

.Comme vous le savez,beaucoup de gens perdent la motivation lorsqu'ils sont en face de difficultés et situations difficiles
-Contrairement aux gens qui perdent la motivation,dès qu'ils sont confrontés à des obstacles,difficultés et challenges,les héros défavorisés restent motivés même pendant les périodes difficiles.Cela s'explique en partie par le fait que les héros défavorisés n'attendent pas que quelque d'extérieur vienne les motiver,ils connaissent la puissance de l'auto-motivation,ils savent s'auto-motiver

-On a l'habitude d'entendre des gens justifier leur manque de motivation,en avançant des propos du genre « c'est normal de perdre la motivation,quand on traverse des périodes difficiles,quand on n'a pas ce qu'on veut »ce qui est faux,puisqu'il est possible de garder la motivation même pendant les périodes difficiles,même face aux difficultés,obstacles ,soucis,même quand on n'a pas ce qu'on veut ,même si ça peut-être compliqué

-Si vous voulez garder la motivation,même pendant les périodes difficiles,vous devez agir comme les héros défavorisés,vous devez maîtriser l'art de l'auto-motivation,en utilisant la puissance de votre monde intérieur

Citation
Vous ne pouvez résoudre un problème avec le même esprit qui l'a crée ! Albert einsten
-le changement est parfois nécessaire pour atteindre certains objectifs,pour résoudre certains soucis !

S8.Stratégies des héros défavorisés pour «créer ou garder motivation»
-Pour rester motivés,les héros défavorisés choisissent de faire preuve de beaucoup plus de forces mentales,d'optimisme,de résilience de gratitude,de stratégies..que les gens favorisés

-En effet afin de rester super motivés,les héros défavorisés s'inspirent des autres héros défavorisés en :

-en pensant à leur mission au monde**(en faisant preuve de beaucoup plus de détermination que les gens favorisés)**

-en pensant à ce qui les motive**(en persévérant même là où les gens favorisés sont découragés)**

-en imaginant les conséquences négatives qui arrivent suite à des mauvais choix

-en imaginant les conséquences positives qui arrivent aux gens qui font le bon choix

-en visualisant les conséquences des regrets etc**(en restant optimistes même là où les gens favorisés ont perdu tout espoir)**

-En refusant d'être le jouet de leur feeling

-Etc.

Une Des Parties Les Plus Intéressantes De Ce Livre

Face à des échecs temporaires,restez fier de vous,Ne vous sous-estimez pas,ne perdez pas votre estime de vous;la plupart des échecs et difficultés sont là pour préparer l'arrivée de votre bonheur,réussite..

9.-Attitudes,Et Habitudes des héros et héroïnes défavorisés

-Attitudes pour«créer ou garder Confiance en soi»(«face aux obstacles,difficultés...)

Contrairement aux héros défavorisés qui gardent confiance en eux,même pendant les moments difficiles beaucoup de gens perdent confiance en eux,dès qu'il y a moindres signes d'obstacles,soucis et difficultés;or il est possible de garder confiance même pendant les périodes difficiles;pour cela il suffit de prendre l'habitude de se focaliser sur ses propres points forts,ses réussites,ses succès,au lieu de se focaliser uniquement sur ses propres points faibles,échecs..
-Plus vous prenez la décision de vous focaliser sur vos points forts,vos réalisations,vos réussites,plus vous décuplez vos chances de rester confiant optimiste même dans les périodes difficiles,même face aux soucis,challenges..

S9.Stratégies des héros défavorisés pour «créer ou garder Confiance en soi»

Dans le but de développer leur confiance en soi la plupart des héros défavorisés commencent par décider d'agir avec beaucoup plus d'efforts de stratégies,de résilience de gratitude,de confiance,d'optimisme..que les gens favorisés

-Par conséquent pour développer leur confiance en soi,les héros défavorisés,modélisent les autres héros défavorisés,

-en se focalisant sur leur point fort**(en faisant preuve de beaucoup plus de détermination que les gens favorisés)**

-en pensant à tout ce qu'ils ont pu être**(en persévérant même là où les gens favorisés sont découragés)**

-en pensant à tout ce qu'ils ont pu créer**(en restant optimistes même là où les gens favorisés ont perdu tout espoir)**

-en pensant à tout ce qu'ils ont pu avoir,faire,être

-En faisant attention à l'histoire qu'ils se racontent au fond d'eux mêmes

Etc.

Une Des Parties Les Plus Intéressantes De Ce Livre

Pour changer votre vie,visualisez-vous en train de vivre la vie dont vous voulez vivre,imaginez -vous avec tout ce que vous rêvez d'avoir,cela va créer des circuits neuronaux efficaces dans votre cerveau.

10.-Attitudes,Et Habitudes des héros et héroïnes défavorisés

-Attitudes des héros défavorisés pour«créer ou garder Estime de soi»(«face aux obstacles

,difficultés...)

.Les gens qui ont développé un mental des héros défavorisés sont en général des gens qui gardent une haute estime d'eux mêmes,à la différence des gens qui perdent l'estime de soi dès qu'ils sont confrontés à des difficultés,obstacles,soucis,challenges
-Si vous voulez améliorer votre vie,vous devez prendre l'habitude de développer votre estime de soi,vous devez prendre l'habitude de garder votre estime de soi même pendant les périodes difficiles,même quand vous êtes confrontés à des difficultés,soucis;car il est presque impossible d'agir de manières efficaces quand on a faible estime de soi.
Plusieurs études sérieuses ont montré à quel point il est important de développer son estime de soi,à quel point l'estime de soi est l'un des ingrédients incontournables à prendre en compte pour augmenter sa chance d'atteindre ses objectifs et d'être heureux

S10..Stratégies des héros défavorisés pour «créer ou garder Estime de soi»

-Dans le but de mieux développer leur estime de soi,les héros défavorisés s'engagent à agir différemment des gens favorisés,ils s'engagent à agir avec beaucoup plus d'efforts de stratégies que les gens favorisés

-Ainsi dans le but de développer leur estime de soi,les héros défavorisés agissent comme les autres héros défavorisés

-en se focalisant sur leurs valeurs**(en restant optimistes même là où les gens favorisés ont perdu tout espoir)**

-en se concentrant sur leur côté positif**(en faisant preuve de beaucoup plus de détermination que les gens favorisés)**

-en développant leurs dons innés**(en persévérant même là où les gens favorisés sont découragés)**

-en développant leur potentiel

-en se focalisant sur leurs réalisations

-En activant leur mental de super winners et non pas de losers

-En faisant des sacrifices positifs

-Etc.

Une Des Parties Les Plus Intéressantes De Ce Livre

Pour décupler vos réserves en matières d'énergies vitales,ne faites pas comme les gens négatifs,arrêtez de focaliser votre

attention sur les négativités comme haine,rancune,colère,sentiment de grande vengeance,culpabilité…

11.-Attitudes,Et Habitudes des héros et héroïnes défavorisés

-Attitudes des héros défavorisés pour «créer ou développer Autonomie,proactivité,et sens de responsabilité,indépendance,

liberté,» («face aux obstacles,

difficultés…)

Passer à l'action est plus efficace que parler!Mère Thérésa

b.les gens qui ont développé un mental des héros défavorisés sont en général des gens proactifs,autonomes,ils assument leurs responsabilités même en cas de périodes difficiles
-j'ai l'habitude de voir des gens qui passent leur temps à trouver des excuses pour ne pas assumer les conséquences de leurs choix et actions!

-Assumer ses responsabilités,ne veut pas dire assumer ce dont on n'est pas responsable,pour moi,assumer signifie assumer uniquement ce dont on est responsable

S11.Stratégies des héros défavorisés pour «créer ou développer Autonomie,proactivité,et sens de responsabilité,indépendance,liberté,»

-Dans le but de mieux développer leur sens de responsabilité,d'autonomie,de proactivité..,les héros défavorisés décident de faire preuve de beaucoup plus d'efforts,de stratégies de patience de gratitude.. que des gens favorisés

-Afin de mieux développer leur sens d'autonomie,les héros défavorisés s''inspirent des autres héros défavorisés en

-en assumant leur responsabilité**(en faisant preuve de beaucoup plus de détermination que les gens favorisés)**

-en refusant de chercher de fausses excuses**(en restant optimistes même là où les gens favorisés ont perdu tout espoir)**

-en agissant en conséquences**(en persévérant même là où les gens favorisés sont découragés)**

-en modélisant les attitudes des gens super proactifs

-en s'inspirant des attitudes des autres héros défavorisés

-En pensant aux sagesses qui considèrent,qu'il y a une force invisible qui vient en aide aux gens déterminés ceux qui refusent d'abandonner leurs rêves

---

-Etc.

Une Des Parties Les Plus Intéressantes De Ce Livre

Prenez conscience de votre richesse,vous êtes riche,puisque vous avez des choses que tout l'or de ce monde ne peut acheter,vous avez la vie,vous avez une âme,vous avez un cerveau,vous avez des relations…!

12.-Attitudes,Et Habitudes des héros et héroïnes défavorisés

-Attitudes des héros défavorisés pour «créer ou gérer Amusements et distractions»(«face aux obstacles,difficultés…)

-(ils n'attendent pas de devenir n°1 ou riches pour s'amuser avec leurs proches,ils ne sacrifient pas l'amusement de leurs enfants….)

Face aux difficultés,et challenges,c'est très facile de négliger et d'oublier l'importance de consacrer un petit temps aux amusements,distractions..or,il est conseillé de réserver un temps à l'amusement,même quand on travaille beaucoup;En effet plusieurs études sérieuses ont montré à quel point il est important de prendre le temps de s'amuser de temps en temps,sachant que le cerveau est beaucoup plus efficace lorsqu'il y a alternance entre périodes de travail et période de détente;de même la période de détente peut diminuer le risque de burn-out,maladie,inefficacité,tout en améliorant santé,bien-être,bonheur ..

.Les héros défavorisés sont des grands bosseurs,ce sont des gens qui savent optimiser leur performance en alternant entre périodes de travail et période de détente

S12.Stratégies des héros défavorisés pour «créer ou développer un sens de distractions et Amusements positifs modérés»
Pour mieux conserver leur âme d'enfant,leur sens de distractions et d'amusements positifs modérés ,les héros défavorisés s'engagent à agir différemment des gens favorisés

-Ainsi dans le but de conserver leur sens de distractions et d'amusements positifs modérés,les héros défavorisés s'inspirent des autres héros défavorisés en

-en se reconnectant avec leur propre enfant intérieur**(en faisant preuve de beaucoup plus de détermination que les gens favorisés)**

-en mettant du fun dans leur vie

-en pensant aux avantages de distractions,et d'amusements modérés

-en évitant burn-out**(en restant optimistes même là où les gens favorisés ont perdu tout espoir)**

-en modélisant les attitudes des héros défavorisés**(en persévérant même là où les gens favorisés sont découragés)**

-en lisant des livres sur gestion de temps et burn-out

-En pensant à la sagesse qui dit que,ce qui ne tue pas rend fort

-Etc.

Une Des Parties Les Plus Intéressantes De Ce Livre

Prenez soin de vous,aimez-vous davantage,pardonnez à vous même,d'un autre point de vue vous êtes parfait comme vous êtes,ignorez les critiques des autres,les gens qui vous critiquent ne sont pas mieux que vous.

13.-Attitudes,Et Habitudes des héros et héroïnes défavorisés

-Attitudes des héros défavorisés pour«gérer sa spiritualité»(«face aux obstacles,difficultés…)

Pas besoin de vous rappeler que face aux difficultés et obstacles beaucoup de gens n'hésitent pas à négliger ou à oublier leur côté spirituel;or il a été démontré que plus on développe son côté spirituel plus on augmente sa chance d'attirer ou de garder bonheur,réussite,prospérité...
-Plusieurs sages ont affirmé que contrairement à ce que pensent beaucoup de gens,les êtres humains sont des êtres spirituels qui font l'expérience de la vie humaine;autrement dit,nous sommes beaucoup plus spirituels que autre chose

S13.Stratégies des héros défavorisés pour mieux**«gérer leur spiritualité»**,

-Pour mieux gérer,leur spiritualité,les héros défavorisés s'engagent à agir différemment des gens favorisés

-Ainsi pour mieux **«gérer leur spiritualité»,les héros défavorisés s'inspirent des autres héros défavorisés en**

-en lisant des livres traitant de la spiritualité**(en persévérant même là où les gens favorisés sont découragés)**

-en écoutant les experts de spiritualité**(en faisant preuve de beaucoup plus de détermination que les gens favorisés)**

-En pensant aux sagesses qui considèrent,qu'il y a une force invisible qui vient en aide aux gens déterminés ceux qui refusent d'abandonner leurs rêves

-Etc.

14.-Attitudes,Et Habitudes des héros et héroïnes défavorisés

-Attitudes des héros défavorisés pour«créer ou garder Courage»

(«face aux obstacles,difficultés…)

C'est facile de faire preuve de courage quand tout va bien,quand il n y a pas d'obstacles et difficultés,ce qui compte le plus c'est d'apprendre à garder courage même pendant les périodes difficiles.

Une des grandes différences entre les héros défavorisés et beaucoup de gens,c'est que les héros défavorisés gardent le courage même pendant les périodes difficiles
-Plusieurs sages mentors à succès ont montré que plus on développe son courage,plus on augmente sa chance de réussir et d'attirer bonheur,réussite..

En effet,Ce n'est ni le manque de talent,ni le manque de compétence qui empêche à beaucoup de gens d'atteindre leurs objectifs,ce qui empêche à beaucoup de gens de réaliser leurs rêves,c'est le manque de courage;par conséquent si vous voulez décupler vos chances d'atteindre vos objectifs,vous devez prendre l'habitude de développer votre potentiel de courage

S14.Stratégies des héros défavorisés pour «créer ou garder Courage»
Afin de mieux développer leur courage,les héros défavorisés s'engagent à agir avec beaucoup plus de de courage,de stratégies,d'efforts..que les gens favorisés

-Pour développer leur courage ,les héros défavorisés s'inspirent des autres héros défavorisés en

-en agissant malgré le stress**(en faisant preuve de beaucoup plus de détermination que les gens favorisés)**

-en agissant malgré la peur

-en agissant sans attendre le moment idéal **(en persévérant même là où les gens favorisés sont découragés)**

-en adoptant les attitudes des héros défavorisés

-en sortant de leur zone de confort **(en restant optimistes même là où les gens favorisés ont perdu tout espoir)**

-en s'inspirant des gens courageux

-En pensant aux sagesses qui encouragent à agir même quand on n'a pas envie(sauf exception)

-Etc.

Une Des Parties Les Plus Intéressantes De Ce Livre

Pour mieux attirer et garder de l'énergie je décide de prendre l'habitude de respirer correctement,je décide de consacrer du temps pour la pratique quotidienne de la respiration abdominale

15.-Attitudes,Et Habitudes des héros et héroïnes défavorisés

-Attitudes des héros défavorisés pour «créer ou garder discipline»

(face aux obstacles,difficultés...)

Une des grandes différences entre les héros défavorisés et beaucoup de gens réside dans le fait que les héros défavorisés sont des gens qui savent garder leur sens de discipline,même pendant les périodes difficiles ,compliquées.

.Certains sages à succès ont l'habitude de dire qu'il y a 2 choix importants dans la vie,le choix de la discipline ou le regret

Autrement dit soit on accepte d'embrasser la discipline en faisant ce qu'il faut faire quand il faut le faire,quand on a envie ou pas,soit on refuse;mais cela a des conséquences

-Un sage prospère a dit:la discipline c'est le fait de faire ce qu'il y a à faire,quand il faut le faire,quand on a envie de le faire ou pas

S15.Stratégies des héros défavorisés pour «créer ou développer Discipline»
Afin de mieux développer ou garder leur sens de discipline,les héros défavorisés s'engagent à agir avec beaucoup plus d'efforts de stratégies,que les gens favorisés

-De même pour développer leur sens de discipline,les héros défavorisés s'inspirent des autres héros défavorisés en

- En passant à l'action quand il faut sans attendre le moment idéal**(en faisant preuve de beaucoup plus de détermination que les gens favorisés)**

-en modélisant les habitudes des héros défavorisés

-en développant leur potentiel de discipline**(en persévérant même là où les gens favorisés sont découragés)**

-en lisant des livres sur la discipline**(en restant optimistes même là où les gens favorisés ont perdu tout espoir)**

-en étudiant les secrets des gens organisés,..

-en modélisant les attitudes des experts sur la discipline et la gestion de temps

---

-En pensant aux sagesses qui considèrent que plus on affronte certains obstacles,et certaines peurs,plus on augmente les chances de diminuer ces monstres(les peurs,obstacles..)

-Etc.

Une Des Parties Les Plus Intéressantes De Ce Livre

chassez de votre subconscient les croyances et idées reçues négatives,nourrissez les pensées d'amour de soi de respect de soi,d'écoute de soi,cultivez des pensées et idées optimistes motivantes,nourrissez les pensées qui vous rendent fiers de vous;hypnotisez votre cerveau avec ces genres de pensées et idées dynamisantes

16.-Attitudes,Et Habitudes des héros et héroïnes défavorisés

-Attitudes des héros défavorisés pour faire preuve d'efforts,

astuces,stratégies(«face aux obstacles,difficultés…)

C'est très facile de faire des efforts quand tout va bien quand il y a zéro trace de difficultés et obstacles;que se passe t'il lorsqu'il y a obstacles soucis ?

-à la différence de ceux qui font effort minimum pour atteindre leurs objectifs,les héros défavorisés font leur maximum d'efforts pour atteindre leurs objectifs,même pendant les périodes difficiles;ils ont l'habitude de faire preuve de beaucoup plus d'efforts de stratégies et d'astuces que les gens favorisés

S16.Stratégies des héros défavorisés pour «faire preuve d' efforts,astuces,stratégies..»
Dans le but de mieux obtenir ce qu'ils veulent,les héros défavorisés commencent par s'engager à agir avec beaucoup plus d'efforts,d'astuces de stratégies..que les gens favorisés

-Ainsi pour mieux obtenir ce qu'ils veulent les héros défavorisés passent à l'action

-en modélisant les attitudes des héros défavorisés

-en faisant leur maximum d'efforts**(en faisant preuve de beaucoup plus de détermination que les gens favorisés)**

-en refusant le désespoir**(en restant optimistes même là où les gens favorisés ont perdu tout espoir)**

-en passant à l'action malgré les difficultés**(en persévérant même là où les gens favorisés sont découragés)**

-en passant à l'action même quand ils sont stressés(sauf exception)

-en adoptant les stratégies des héros défavorisés

-En pensant aux sagesses qui considèrent que pour réussir rapidement,il faut doubler son nombre d'échec

-Etc.

Une Des Parties Les Plus Intéressantes De Ce Livre

-prenez conscience de vos atouts talents et compétences,plus vous êtes conscient de vos atouts plus vous augmentez vos chances d'attirer et ou de garder:bonheur,amour,réussite,confiance en soi..

17.-Attitudes,Et Habitudes des héros et héroïnes défavorisés

-Attitudes des héros défavorisés pour gérer « Victimisation inconsciente négative » («face aux obstacles,difficultés…)

Il y a beaucoup de manipulation autour du mot «victimisation »beaucoup de gens font l'amalgame entre victimisation volontaire et vraies victimes!Pour manipuler les victimes d'injustice et discrimination afin de les empêcher de réclamer leurs droits,certains pseudos experts ont inventé le mot victimisation !
-Ce que beaucoup de gens semblent négliger ou ignorer c'est que être victime involontaire n'est pas synonyme de faiblesse,ou honte,ce qui peut être synonyme de faiblesse c'est le fait d'être victime volontaire

.Pour chercher des excuses Trop de gens se placent en victimes dès qu'il y a adversités,difficultés…

-Aussi étonnant que cela puisse paraître,les héros défavorisés,ne nient pas le fait qu'ils sont victimes de un ou plusieurs facteurs,c'est ce qui leur permet de mieux trouver des solutions en s'adaptant à leurs propres particularités,en développant la résilience,la gratitude..

S17.Stratégies des héros défavorisés pour « gérer Victimisation inconsciente négative »
Dans le but de ne pas se laisser malmener par des pensées négatives inconscientes de victimisation,les héros défavorisés commencent par s'engager à faire preuve de beaucoup plus de sens de responsabilité,d'efforts et stratégies que les gens favorisés

-Ainsi donc pour mieux gérer les pensées négatives inconscientes de victimisation négative,les héros défavorisés s'inspirent des autres héros défavorisés en

-en refusant de donner du poids aux pensées inconscientes négatives de victimisation

-en s'imprégnant du positif**(en faisant preuve de beaucoup plus de détermination que les gens favorisés)**

-en fréquentant des gens optimistes positifs

-en développant leur potentiel de proactivité**(en persévérant même là où les gens favorisés sont découragés)**

-en refusant d'agir comme les gens réactifs

-en refusant d'agir comme les victimes volontaires**(en restant optimistes même là où les gens favorisés ont perdu tout espoir)**

-En pensant aux sagesses qui considèrent que certains échecs rapprochent de la réussite

-Etc.

Une Des Parties Les Plus Intéressantes De Ce Livre

> Libérez -vous de l'habitude de vous culpabiliser,pardonnez à vous même,vos erreurs peuvent se transformer en avantages;
>
> Nourrissez votre esprit ainsi que votre âme avec des pensées et idées d'estime de soi,d'amour de soi,de valorisation de soi ..,ignorez les critiques des autres,ne laissez pas aux haineux l'opportunité de pourrir votre vie.

18.-Attitudes,Et Habitudes des héros et héroïnes défavorisés

-Attitudes des héros défavorisés pour créer ou gérer «problème,challenge..»

(«face aux obstacles,difficultés…)

.Les gens qui ont développé le mental des héros défavorisés sont en général des gens qui ont l'habitude de gérer des problèmes et des challenges,ils ont l'habitude de transformer les difficultés en opportunités,avantages

-aussi étonnant que cela puisse paraître,les héros défavorisés n'ont pas la même définition du mot problème que le dictionnaire,et pour cause les héros défavorisés ont leurs propres définitions du mot problème,!ce que beaucoup de gens appellent problèmes soucis,les héros défavorisés préfèrent parler de challenge,défi,pour mieux conditionner leur mental à l'optimisme,résilience,confiance...
.Si vous voulez décupler votre chance d'attirer ou de garder bonheur,réussite,opportunités,décidez de changer votre définition du mot problème,agissez comme les héros défavorisés

S18.Stratégies des héros défavorisés pour « Résoudre un problème un challenge »
Dans le but de mieux résoudre un problème,ou un challenge,les héros défavorisés s'engagent à faire preuve de beaucoup plus de forces mentales,de stratégies..que les gens favorisés

-Pour augmenter leur chance de résoudre un problème,les héros défavorisés,modélisent les autres héros défavorisés en agissant comme eux

-en faisant beaucoup plus d'efforts que les gens favorisés**(en faisant preuve de beaucoup plus de détermination que les gens favorisés)**

-en modélisant les attitudes des héros défavorisés

-en focalisant sur le fait que la plupart des problèmes ont une solution

-en transformant les difficultés en avantages **(en persévérant même là où les gens favorisés sont découragés)**

-en restant optimistes**(en restant optimistes même là où les gens favorisés ont perdu tout espoir)**

-en agissant de manières quantitatives et qualitatives

-en persévérant

-En pensant aux sagesses qui considèrent que l'impossible peut devenir possible

-En pensant aux sagesses qui considèrent que le fait d'avoir un souci est un signe de vie,signe qu'on est en vie et qu'on bouge

-Etc.

Une Des Parties Les Plus Intéressantes De Ce Livre

Face à des échecs temporaires,restez fier de vous,Ne vous sous-estimez pas,ne perdez pas votre estime de vous;la plupart des échecs et difficultés sont temporaires,pas permanents

19.-Attitudes,Et Habitudes des héros et héroïnes défavorisés

-Attitudes des héros défavorisés

«En cas d'injustice extrême»

b.Face à une injustice extrême,beaucoup de gens baissent les bras,beaucoup de gens se découragent et abandonnent leurs rêves,projets,objectifs..
-Contrairement à beaucoup de gens,les héros défavorisés sont des gens qui n'ont ni honte ni peur de parler de ou des injustices dont ils sont victimes.mais cela ne les empêche pas de persévérer et de rêver grand

S19.Stratégies des héros défavorisés «en cas d'injustice extrême …. »

-Lorsqu'ils sont victimes d'injustice extrême,les héros défavorisés commencent par décider d'agir avec beaucoup plus de stratégies,de forces mentales..que les gens favorisés

-Ainsi pour mieux réussir face à une injustice extrême,les héros défavorisés s'inspirent des autres héros défavorisés en

-développant leur optimisme

-en faisant leur maximum d'efforts**(en faisant preuve de beaucoup plus de détermination que les gens favorisés)**

-en utilisant des stratégies adaptées**(en persévérant même là où les gens favorisés sont découragés)**

-en développant leurs forces mentales **(en restant optimistes même là où les gens favorisés ont perdu tout espoir)**

-en agissant de manières quantitatives et qualitatives

-En se disant que la souffrance temporaire peut permettre de grandir et devenir plus fort

-Etc.

Une Des Parties Les Plus Intéressantes De Ce Livre

Cessez d'accorder de l'importance aux critiques des autres,les gens qui vous critiquent ne sont pas mieux que vous;

20.-Attitudes,Et Habitudes des héros et héroïnes défavorisés

-Attitudes des héros défavorisés

« En cas de discrimination extrême »

b.Il y a plusieurs types de discriminations;certaines études ont classé les discriminations en plusieurs catégories,certaines catégories sont beaucoup plus dures et difficiles que d'autres,
Alors que de gens sont manipulés et conditionnés pour ne pas dire qu'ils sont victimes de discrimination,les héros défavorisés,n'ont pas honte de dire qu'ils sont discriminés ou défavorisés;cela leur permet de mieux se préparer pour agir en conséquences.pour mieux gérer les soucis et obstacles,puisqu'il est difficile de bien résoudre un souci quand on nie son existence

Nous vivons dans un monde où les gens discriminés,les gens défavorisés sont manipulés pour croire qu'il ne faut pas dire qu'on est victime,même quand on est victime;or cela n'empêche pas de réussir;les gens qui réussissent le plus ont aussi l'habitude de s'imaginer en situation de victimes de manières indirectes inconscientes ou conscientes pour mieux se préparer
-ce n'est pas être victime qui est honteux,ce qui peut être honteux c'est le fait d'aimer son rôle de victime c'est le fait de ne pas chercher à sortir de sa situation de victime

S20.Stratégies des héros défavorisés «En cas de discrimination extrême .... »

Pour atteindre leurs objectifs malgré la discrimination,les héros défavorisés décident
de faire preuve de beaucoup plus de forces mentales de stratégies...que les gens favorisés

-En effet pour réussir malgré la discrimination,les héros défavorisés s'inspirent des autres héros défavorisés en

-en agissant avec beaucoup plus d'astuces de stratégies..**(en faisant preuve de beaucoup plus de détermination que les gens favorisés)**

-en s'inspirant des gens qui ont réussi malgré discriminations

-en modélisant des gens qui ont pu avancer malgré discrimination

-en avançant malgré les difficultés **(en persévérant même là où les gens favorisés sont découragés)**

-en restant optimistes

-en activant leurs potentiels de persévérance

-en faisant preuve de patience **(en restant optimistes même là où les gens favorisés ont perdu tout espoir)**

-en utilisant des stratégies adaptées

-En se disant que dans la vie,il y a toujours des challenges;et que les difficultés échecs,soucis et challenges peuvent se transformer en avantages,opportunités
-Etc.

Une Des Parties Les Plus Intéressantes De Ce Livre

Semez dans votre subconscient des idées et pensées d'amour de soi de valorisation de soi,de respect de soi,éliminez les moindres traces des pensées qui vous dévalorisent;soyez fier de vous,ignorez les conditionnements négatifs qui font croire à tort qu'il faut soi-disant avoir ceci ou cela pour être fier de soi.

21.-Attitudes,Et Habitudes des héros et héroïnes défavorisés

-Attitudes des héros

défavorisés »En cas d'échecs

(«face aux obstacles,difficultés…)

b.Alors que beaucoup de gens considèrent l'échec comme une fin en soi,et pire quand ils sont en face des obstacles et difficultés !les gens qui ont développé un mental des héros défavorisés considèrent l'échec comme une étape,qui peut mener vers la réussite,une étape qui permet d'apprendre et de se préparer avant l'arrivée de réussite,bonheur..
-Plusieurs études ont pu montrer que beaucoup de gens ont tendance à abandonner leurs rêves,dès qu'il y a moindres signes d'échec.Certains abandonnent leurs rêves alors qu'ils sont à quelques centimètres de la réussite,à quelques jours de la réussite,à quelques mois de la réussite…

Si vous voulez atteindre certains objectifs vous devez changer votre façon de voir l'échec,vous devez changer votre relation avec l'échec

S21.Stratégies des héros défavorisés « En cas d'échecs »
Pour avancer et réussir après un échec temporaire,les héros défavorisés s'engagent à agir différemment des gens favorisés,ils s'engagent à faire preuve de beaucoup plus de stratégies de forces mentales..que les gens favorisés
-Ainsi dans le but de se relever pour réussir après l'échec,les héros défavorisés modélisent les autres héros défavorisés en

-en agissant avec beaucoup plus de stratégies**(en faisant preuve de beaucoup plus de détermination que les gens favorisés)**

-en utilisant la loi de 80/20

-en transformant l'échec en opportunités**(en persévérant même là où les gens favorisés sont découragés)**

-en supposant que l'échec les rapproche de la victoire

-en se souvenant du fait que la plupart des échecs sont temporaires

-en tirant des leçons à travers leurs échecs temporaires

-en cultivant la résilience**(en restant optimistes même là où les gens favorisés ont perdu tout espoir)**

-En pensant au fait,que un succès obtenu après effort est beaucoup plus savoureux que un succès obtenu avec peu d'effort ou sans effort

-Etc.

Une Des Parties Les Plus Intéressantes De Ce Livre

Même si votre réussite semble prendre du temps avant de se matérialiser,restez patient,persévérant,tournez le dos

au découragement

-Soyez fier de vous,que vous ayez du succès apparent ou pas

-

22.-Attitudes,Et Habitudes des héros et héroïnes défavorisés

-«En cas de refus»

.Face à un refus la plupart des gens se découragent et perdent espoir,tandis que les gens qui ont développé un mental des héros défavorisés considèrent le refus comme quelque chose de temporaire,qui peut se transformer en avantages,opportunités .
Face à des refus,beaucoup de gens perdent confiance en eux,beaucoup de gens considèrent que tout est contre eux,or certains refus n'ont rien à voir avec les talents,et compétences,certains refus dépendent des facteurs extérieurs au mérite;
Par conséquent lorsque quelqu'un vous refuse quelque chose,décidez de ne pas prendre les choses à coeur,choisissez de ne pas prendre les choses à coeur,décidez de comprendre le pourquoi,décidez de chercher d'autres possibilités,d'autres solutions,décidez de garder espoir

S22.Stratégies des héros défavorisés «En cas de refus…. »

-Pour persévérer et réussir après un refus,les héros défavorisés s'engagent à agir avec beaucoup plus de persévérance de stratégies et de forces mentales que les gens favorisés..

-Ainsi dans le but de se relever et de réussir après un refus,les héros défavorisés s'inspirent des autres héros défavorisés

-en redoublant d'efforts et stratégies**(en faisant preuve de beaucoup plus de détermination que les gens favorisés)**

-en renforçant leurs forces mentales**(en persévérant même là où les gens favorisés sont découragés)**

-en considérant les refus comme des opportunités pour grandir et avancer

-en supposant que les refus sont des étapes qui mènent vers la réussite **(en restant optimistes même là où les gens favorisés ont perdu tout espoir)**

-en considérant que les refus sont des tests envoyés par la nature ou Dieu

-En pensant aux sagesses qui considèrent que celui qui n'échoue pas,ne tente pas assez

-Etc.

Une Des Parties Les Plus Intéressantes De Ce Livre

à la différence des gens qui hypnotisent leurs cerveaux de manières négatives en se laissant hypnotiser par des négativités,choisissez d'hypnotiser votre subconscient de manières conscientes en nourrissant votre corps

coeur,âme,chakra et esprit avec des idées,pensées et croyances apaisantes dynamiques réconfortantes

,optimistes,positives

23. Attitudes,Et Habitudes des héros et héroïnes défavorisés

-«En cas de rejet»

.à la différence de beaucoup de gens,les gens qui ont développé un mental des héros défavorisés considèrent le rejet comme quelque chose qui peut se transformer en avantage,opportunité
-Il y a plusieurs façons de vaincre la peur de rejet,un des moyens les plus efficaces pour vaincre la peur de rejet consiste à s'engager à avancer malgré les rejets et refus;il y a un concept anglophone qui s'appelle « go for no » ce concept consiste à passer à l'action en s'attendant à recevoir »non,non »
-plus on affronte le « non »,plus on devient presque insensible au non

S23.Stratégies des héros défavorisés «En cas de rejet…. »
En cas de rejet,les héros défavorisés,refusent de se décourager,au contraire,ils s'engagent à agir avec beaucoup plus de stratégies,d'efforts,et de forces mentales que les gens favorisés

-En effet pour persévérer et réussir après un rejet,les héros défavorisés modélisent les autres héros défavorisés en agissant comme eux

-en refusant le désespoir

-en persévérant **(en faisant preuve de beaucoup plus de détermination que les gens favorisés)**

-en faisant leur effort maximum**(en persévérant même là où les gens favorisés sont découragés)**

-en transformant le rejet en sources de motivation

-en se servant du rejet pour renforcer leurs forces psychologiques et mentales

-en refusant le désespoir**(en restant optimistes même là où les gens favorisés ont perdu tout espoir)**

-En pensant au fait que,plus le souci est grand plus l'occasion de grandir est grande

-Etc.

Une Des Parties Les Plus Intéressantes De Ce Livre

Si vous avez l'habitude de vous culpabiliser de ne pas avoir accompli des choses,arrêtez dès maintenant,arrêtez de vous culpabiliser à cause des idées reçues et préjugés des autres,des-hypnotisez votre cerveau et votre âme des conditionnements négatifs,libérez votre corps et esprit des croyances négatives.Au lieu de vous plaindre de ne pas avoir accompli ceci ou cela,soyez fier de vous,vous avez tout ce qu'il faut pour être fier de vous.

-

24.-Attitudes,Et Habitudes des héros et héroïnes défavorisés

-«En cas d'inconfort»

Les gens qui échouent le plus sont en général des gens qui cherchent le confort 24h sur 24.
-Parmi les grandes différences entre les héros défavorisés et beaucoup de gens c'est que les héros défavorisés ont développé l'art d'être confortables même dans une situation inconfortable
-Plusieurs sagesses ont prouvé à quel point l'être humain a besoin de sortir de sa zone de confort pour mieux évoluer,grandir,réussir;Pourquoi ? Parce que il n y a pas de vraies croissances dans la zone de confort,les meilleures opportunités sont dans l'inconfort. Quand tout va bien,quand ils nagent dans le confort beaucoup de gens deviennent négligents et entrent dans la complaisance

S24.Stratégies des héros défavorisés «En cas d'inconfort ....»

Lorsqu'ils sont dans une situation inconfortable,les héros défavorisés commencent par s'engager à agir avec beaucoup plus de forces mentales de stratégies et d'efforts que les gens favorisés
-Ainsi dans le but d'avancer et d'atteindre des objectifs,les héros défavorisés s'inspirent des autres défavorisés en

-en agissant avec beaucoup plus de stratégies que les gens favorisés**(en persévérant même là où les gens favorisés sont découragés)**

-en adoptant des habitudes inconfortables**(en faisant preuve de beaucoup plus de détermination que les gens favorisés)**

-en passant à l'action malgré l'inconfort

-en fuyant le confort excessif et permanent

-en embrassant l'inconfort temporaire **(en restant optimistes même là où les gens favorisés ont perdu tout espoir)**

-en sortant de la zone de confort

-En pensant au fait que c'est dans les galères que certains découvrent leurs points forts

-Etc.

Une Des Parties Les Plus Intéressantes De Ce Livre
-Êtes vous gentil avec vous même?soyez gentil avec vous même,soyez fier de vous,refusez d'écouter les gens négatifs qui essaient de vous faire croire à tort que vous n'êtes pas assez bien

-face à des déceptions,souvenez-vous du fait que les déceptions peuvent se transformer en opportunités,chances

25.-Attitudes,Et Habitudes des héros et héroïnes défavorisés

-En cas de changement imprévu

.Même si les neurosciences ont prouvé que le cerveau et les neurones n'aiment pas trop le changement,il convient de souligner que certaines personnes s'adaptent mieux aux changements que d'autres

-Alors que beaucoup de gens ont du mal à s'adapter aux changements imprévus difficiles,les gens qui ont développé un mental des héros défavorisés savent s'adapter aux changements les plus extrêmes.
-Pour augmenter sa chance d'attirer ou de garder bonheur,réussite de manières durables,il faut embrasser le changement;cela dit qu'il faut aimer le changement puisque le changement fait partie de la vie,c'est une loi naturelle,dans la vie presque tout change de manières naturelles ou pas
b.

S25.Stratégies des héros défavorisés «En cas de changement imprévu…. »
face à un changement imprévu et négatif,les héros défavorisés,refusent de se laisser décourager par les circonstances,au contraire,ils s'engagent à faire preuve de beaucoup plus de forces mentales de stratégies que les gens favorisés

-Ainsi dans le but d'avancer et d'atteindre des objectifs malgré les changements imprévus,les héros défavorisés s'inspirent des autres héros défavorisés en

-en agissant de manières productives efficaces

-en s'adaptant aux changements**(en faisant preuve de beaucoup plus de détermination que les gens favorisés)**

-en se reconditionnant**(en persévérant même là où les gens favorisés sont découragés)**

-en se déprogrammant des mauvais conditionnements

-en embrassant le changement **(en restant optimistes même là où les gens favorisés ont perdu tout espoir)**

-en considérant le changement comme opportunité pour avancer et grandir

-En croyant à la sagesse qui dit que quand on est déterminé pour réaliser ses rêves,le monde entier et le ciel viennent à notre secours

-Etc.

Une Des Parties Les Plus Intéressantes De Ce Livre

> choisissez de nourrir et d'hypnotiser votre esprit avec des pensées optimistes de confiance en soi,d'estime de soi,d'amour de soi

26.-Attitudes,Et Habitudes des héros et héroïnes défavorisés pour

Gérer critiques des autres («face aux obstacles,difficultés…)

Beaucoup de gens ont du mal à bien gérer les critiques des autres,et pire pendant les périodes difficiles !
-les gens qui ont développé un mental des héros défavorisés ont l'habitude de gérer les critiques,ils savent gérer les critiques des autres,ils savent que certaines critiques constructives peuvent se transformer en avantages.
-les héros défavorisés ne cèdent jamais aux découragements et critiques négatives des autres,ils savent que ce n'est pas ce que les autres pensent d'eux qui est le plus important,le plus important c'est ce qu'ils pensent d'eux mêmes ;
-si vous voulez décuplez vos chances d'atteindre vos objectifs,vous devez prendre l'habitude d'avancer malgré les critiques des autres

S26.Stratégies des héros défavorisés pour «Gérer critiques des autres»

Lorsqu'ils sont critiqués par les autres,les héros défavorisés ne se découragent pas,au contraire ils s'engagent à agir avec beaucoup de stratégies et d'efforts que les gens favorisés

-Par conséquent pour avancer et réussir malgré les critiques des autres,les héros défavorisés s'inspirent des autres héros défavorisés en :

-en agissant avec beaucoup plus de persévérance,et stratégies…

-en avançant malgré les critiques**(en faisant preuve de beaucoup plus de détermination que les gens favorisés)**

-en refusant de se laisser influencer par les critiques des autres**(en restant optimistes même là où les gens favorisés ont perdu tout espoir)**

-en refusant de devenir esclaves des jugements des autres. **(en persévérant même là où les gens favorisés sont découragés)**

-en transformant les critiques en opportunités

-En pensant aux sagesses qui considèrent que celui qui n'a pas d'ennemi ne vit pas pleinement

-Etc.

Une des parties les plus intéressantes de ce livre

je vous encourage à prendre l'habitude de parler à vous même,saturez votre esprit avec des pensées de valorisation de soi de respect de soi,d'estime de soi,chassez de votre esprit les idées reçues et croyances négatives mensongères qui font croire à tort que soi-disant,vous devez avoir ceci ou cela avant d'être fier de vous.

-Pour vous manipuler,certains n'hésitent pas à évoquer les croyances négatives populaires mensongères,des croyances de ce genre : « c'est soi-disant aux autres de vous valoriser» cette croyance a pour objectif de vous manipuler en vous rendant dépendant des approbations des autres,.

-Commencez à être fier de vous,dès aujourd'hui,maintenant,toute suite

-

27.-Attitudes,Et Habitudes des héros et héroïnes défavorisés

-**Face à de situations difficiles,moments difficiles**(«face aux obstacles,difficultés…)

.C'est aussi pendant les périodes difficiles qu'on reconnaît les vraies personnalités des gens.
Beaucoup de gens n'hésitent pas à baisser les bras à se décourager lorsqu'ils se trouvent dans de situations difficiles
-Les gens qui ont développé un mental des héros défavorisés font tout sauf abandonner sauf perdre espoir
-Alors que beaucoup de gens ont tendance à devenir négligents complaisants pendant les périodes de succès,les héros défavorisés n'entrent jamais dans la négligence et complaisance,ils savent que dans la vie,il y a des saisons difficiles et des saisons moins difficiles,ainsi donc quand ils sont dans la période de succès,les héros défavorisés se préparent déjà pour les futures saisons de challenge,de difficultés

S27.Stratégies des héros défavorisés «Face à de situations difficiles,moments difficiles »
Lorsqu'ils se trouvent dans des situations difficiles,les héros défavorisés,refusent d 'abandonner,ils commencent par s'engager à agir avec beaucoup plus de stratégies et d'efforts que des gens favorisés

-Ainsi donc pour avancer et réussir malgré les difficultés,les héros défavorisés s'inspirent des autres héros défavorisés en :

-en décidant de transformer les difficultés en avantages

-en agissant avec efficacité**(en faisant preuve de beaucoup plus de détermination que les gens favorisés)**

-en transformant quelques difficultés en opportunités**(en persévérant même là où les gens favorisés sont découragés)**

-en tirant des leçons à travers les périodes difficiles**(en restant optimistes même là où les gens favorisés ont perdu tout espoir)**

-en refusant de perdre espoir

-En pensant aux sagesses qui considèrent qu'il n y a pas de vraie réussite sans souffrance

-Etc.

Une des parties les plus importantes de ce livre

Célébrez vos progrès aussi petits soient ils,faites-en une habitude afin de devenir et ou de rester un individu qui est fier de lui même,au quotidien,un individu qui résiste aux critiques des autres,les gens au sommet ne sont pas mieux que vous

-plus vous prenez l'habitude de célébrer vos efforts,plus vous décuplez vos chances d'attirer et ou de garder bonheur,réussite,amour,confiance en soi…

28.-Attitudes,Et Habitudes des héros et héroïnes défavorisés

-Face aux déceptions(«face aux obstacles,difficultés…)

.Une fois qu'ils sont déçus,beaucoup de gens se découragent perdent espoir et agissent de manières négatives pessimistes parfois barbares

-Même quand ils sont déçus,les gens qui ont développé un mental des héros défavorisés refusent de se décourager,ils refusent de perdre espoir

-j'ai l'habitude de répéter ceci : « les difficultés,échecs et soucis peuvent se transformer en avantages,opportunités, ainsi donc,je vous recommande de changer votre façon de voir la déception

-Afin d'augmenter vos chances d'attirer ou de garder réussite,bonheur,amour..,changez votre façon de voir les déceptions

-Face aux déceptions,restez confiant,optimiste,refusez le découragement,le désespoir,posez-vous les bonnes questions
-à ma place,que feraient les héros défavorisés ?
(en restant optimiste même là où les gens favorisés ont perdu tout espoir)

S28.**Stratégies** des héros défavorisés « en cas de déceptions »

Lorsqu'ils sont déçus par les comportements des autres,les héros défavorisés refusent de mettre tout le monde dans le même bateau,,ils s'engagent à agir avec beaucoup plus de stratégies,d'efforts et de forces mentales que des gens favorisés

-Par conséquent pour avancer et atteindre des objectifs malgré les déceptions,les héros défavorisés s'inspirent des autres héros défavorisés en

-en essayant de trouver du positif**(en faisant preuve de beaucoup plus de détermination que les gens favorisés)**

-en essayant de transformer les déceptions en avantages.

-en considérant les déceptions,comme opportunités pour avancer,grandir et tirer des leçons**(en persévérant même là où les gens favorisés sont découragés)**

-en agissant avec efficacité

-en refusant de perdre espoir**(en restant optimistes même là où les gens favorisés ont perdu tout espoir)**

-en nourrissant les pensées positives

-En choisissant de rester optimistes

-Etc.

Une des parties les plus importantes de ce livre

Souvenez-vous du fait que celui qui s'attend au pire risque d'attirer le pire,par conséquent,je vous recommande de faire le bon choix,je vous recommande de cesser de vous attendre au pire .

29.-Attitudes,Et Habitudes des héros et héroïnes défavorisés

-Face aux petits soucis(«face aux obstacles,difficultés…)

.Dès qu'ils sont en face de moindres petits soucis,beaucoup de gens n'hésitent pas à se mettre dans tous les états,à se plaindre à baisser les bras ou même à abandonner leurs rêves ; les gens qui ont développé un mental des héros défavorisés quant à eux,gardent le contrôle même face aux gros soucis

-Ce n'est pas par hasard que les héros défavorisés font le choix de rester optimistes et confiants même lorsqu'ils sont confrontés à des situations difficiles extrêmes,ils savent que plus ils restent optimistes et confiants,plus ils augmentent leurs chances d'atteindre leurs objectifs;en effet plusieurs études ont montré que l'être humain est beaucoup intelligent quand il est serein apaisé optimiste confiant

-pour augmenter vos chances d'atteindre vos objectifs,prenez l'habitude de rester optimiste confiant même lorsque vous êtes confronté à des soucis

S29.Stratégies des héros défavorisés «En cas de petits soucis»
Alors que beaucoup de gens se découragent lorsqu'ils ont les moindres petits soucis,les héros défavorisés refusent de se décourager ,au contraire ils s'engagent à faire preuve de beaucoup plus de forces mentales de stratégies et d'efforts que des gens favorisés

-Ainsi pour avancer et réussir malgré les soucis,les héros défavorisés s'inspirent des autres héros défavorisés en :

-en transformant les soucis en opportunités**(en persévérant même là où les gens favorisés sont découragés)**

-en essayant de trouver du positif**(en faisant preuve de beaucoup plus de détermination que les gens favorisés)**

-en focalisant sur le fait que les difficultés peuvent se transformer en avantages**(en restant optimistes même là où les gens favorisés ont perdu tout espoir)**

-en agissant avec stratégies

-en activant leur potentiel de persévérance

-En reconditionnant le cerveau pour mieux gérer les soucis

-Etc.

Une des parties les plus intéressantes de ce livre

libérez votre cerveau des croyances erronées mensongères qui ont tendance à diminuer votre estime de vous,arrosez et nourrissez les pensées et idées qui amplifient et augmentent votre estime de soi,confiance en soi,respect de soi.Soyez fier de vous,quels que soient vos résultats,vous avez tout ce qu'il faut pour être fier de vous

30.-Attitudes,Et Habitudes des héros et héroïnes défavorisés

-Face aux maladies,grosses galères imprévues(«face aux obstacles,difficultés…)

.Il n y a même pas besoin de vous répéter que face à des maladies et grosses galères imprévues,beaucoup de gens perdent espoir;nombreux sont les gens qui ont l'habitude de se décourager dès qu'ils sont confrontés à de grosses galères.
Aussi surprenant et incroyable que cela puisse paraître,les héros défavorisés gardent espoir même face aux pires diagnostics des médecins,même face à n'importe quelle maladie,ils se disent que même si ils n'ont pas la certitude de vaincre la maladie rapidement comme ils veulent,ils ont tout intérêt à rester optimistes et confiants;d'autant plus qu'il a été neuro-scientifiquement démontré que les malades les plus optimistes et confiants,ont tendance à guérir rapidement ou ont parfois beaucoup plus de chance de vaincre les maladies dites incurables(en comparaison avec les pessimistes).

S30.Stratégies des héros défavorisés«En cas de maladies,grosses galères imprévues »
Lorsqu'ils sont confrontés à des maladies graves,les héros défavorisés refusent de perdre espoir,au contraire,ils s'engagent à faire preuve de beaucoup plus d'optimisme et d'espoir que les gens favorisés

-Par conséquent pour avancer malgré la souffrance les héros défavorisés s'inspirent des autres héros défavorisés en :

-en choisissant de rester optimistes même face aux pires diagnostics des médecins

-en développant leur optimisme**(en faisant preuve de beaucoup plus de détermination que les gens favorisés)**

-en se focalisant sur du positif **(en persévérant même là où les gens favorisés sont découragés)**

-en s'inspirant des optimistes qui ont pu vaincre des maladies et challenges **(en restant optimistes même là où les gens favorisés ont perdu tout espoir)**

-En habituant le cerveau au super optimisme

-Etc.

Une des parties les plus intéressantes de ce livre

Restez optimistes,vous saurez résoudre les problèmes qui peuvent arriver dans votre vie.Faites la liste des choses dont vous êtes fier,pensez à tout ce dont vous avez réussi à réaliser.laissez ces pensées diffuser leurs énergies dans tout votre corps .Ignorez les mensonges de votre ego,votre ego vous raconte des mensonges,il aime vous faire croire que vous devez avoir ceci ou cela avant d'être fier de vous,or il n'en est rien.

31.-Attitudes,Et Habitudes des héros et héroïnes défavorisés

-Face aux trahisons(«face aux obstacles,difficultés…)

.Même si certains experts oublient de le mentionner, la trahison fait partie des grands ennemis de la réussite et du bonheur
-Dès qu'ils sont trahis certains n'hésitent pas à mettre tous les êtres humains dans le même panier;les héros défavorisés quant à eux,refusent de mettre tout le monde dans le même bateau,même quand ils sont trahis,déçus
-En effet un des principes importants des héros défavorisés,c'est de ne jamais mettre tout le monde dans le même bateau,;ils savent qu il y a des gens bons et des gens mauvais dans n'importe quel grand groupe social,dans n'importe quelle origine,dans n'importe quel pays dans n'importe quelle catégorie socio-culturelle

S31.**Stratégies des héros défavorisés**«En cas de trahisons»
Même lorsqu'ils sont trahis les héros défavorisés refusent de mettre tout le monde dans le même bateau,au contraire ils s'engagent à agir avec beaucoup de stratégies et d'efforts que les gens favorisés

-Ainsi donc pour avancer et réussir malgré la trahison,les héros défavorisés s'inspirent des autres héros défavorisés en

-en refusant de mettre tout le monde dans le même panier**(en faisant preuve de beaucoup plus de détermination que les gens favorisés)**

-en s'engageant à ne jamais mettre tout le monde dans le même bateau

-en tirant des leçons à travers la trahison

-en transformant la trahison en opportunité**(en persévérant même là où les gens favorisés sont découragés)**

-en renforçant leurs forces mentales et psychologiques**(en restant optimistes même là où les gens favorisés ont perdu tout espoir)**

-En maîtrisant les émotions

-Etc.

Une des parties les plus importantes de ce livre

Ayez confiance en vous,appréciez-vous davantage,vous méritez d'être fier de vous au quotidien,même si les gens négatifs s'efforcent de vous faire croire le contraire

-Ne perdez pas espoir,votre saison de chance va arriver votre printemps va arriver

32.-Attitudes,Et Habitudes des héros et héroïnes défavorisés

-Attitudes pour«vaincre le stress »(«face aux obstacles,

difficultés…)

.On a l'habitude d'entendre dire que le stress est la maladie du siècle;alors que beaucoup de gens se considèrent comme incapables de vaincre le stress,les gens qui ont développé un mental des héros défavorisés savent gérer,et maîtriser le stress

-On a aussi l'habitude d'entendre des gens dire qu'il y a le stress positif et le stress négatif,;cela veut dire qu'il n y a aucun mal à ressentir un petit stress,en ce sens que celui-ci,peut inciter à mieux se préparer à agir pour résoudre des problèmes !d'un autre côté l'excès de stress peut être toxique,dangereux,voire mortel à long terme

-Afin de mieux augmenter vos chances d'atteindre vos objectifs,prenez l'habitude de maîtriser le stress même pendant les périodes difficiles

S32.Stratégies des héros défavorisés pour vaincre le stress »

Afin de persévérer et atteindre des objectifs malgré le stress,les héros défavorisés commencent par décider d'agir avec beaucoup plus de stratégies d'efforts et forces mentales que les gens favorisés

-Ainsi pour atteindre des objectifs malgré le stress,les héros défavorisés s'inspirent des autres héros défavorisés en

-en agissant malgré le stress**(en faisant preuve de beaucoup plus de détermination que les gens favorisés)**

-en essayant de transformer le stress en opportunités**(en restant optimistes même là où les gens favorisés ont perdu tout espoir)**

-en essayant de maîtriser ou d'éliminer le stress

-en se focalisant sur du positif**(en persévérant même là où les gens favorisés sont découragés)**

-en lisant des livres traitant du stress.

-En pensant aux histoires et métaphores inspirantes

-Etc.

Une des parties les plus importantes de ce livre

à chaque fois que quelque chose ne va pas dans votre vie,pensez aux histoires des gens qui ont pu transformer leurs difficultés en avantages.

33.-Attitudes,Et Habitudes des héros et héroïnes défavorisés

-Attitudes pour«Vaincre la peur»«face aux obstacles

,difficultés…

.Aussi étonnant que cela puisse paraître,certains ne tentent même pas de vaincre la peur,ils se découragent rapidement !
-les gens qui ont développé un mental des héros défavorisés savent maîtriser les peurs,ils savent agir malgré les peurs;ils savent que les meilleures opportunités se trouvent de l'autre côté de la peur
-la peur est considérée comme l'un des pires obstacles à la réussite,en effet c'est souvent la peur qui empêche à beaucoup de gens de faire ce qu'il faut pour atteindre leurs objectifs,c'est aussi la peur qui empêche à beaucoup de rêver,de faire le premier pas vers la réussite
-Si vous voulez obtenir ce que vous voulez dans la vie,prenez l'habitude d'agir malgré la peur(sauf exception)

S33.**Stratégies des héros défavorisés pour «Vaincre la peur»**

Même quand ils ont peur,les héros défavorisés ne baissent pas les bras,au contraire ils s'engagent à faire preuve de beaucoup plus de forces mentales et d'efforts que les gens favorisés

-Par conséquent pour augmenter leur chance d'atteindre leur objectif malgré le stress,les héros défavorisés s'inspirent des autres héros défavorisés en

-en transformant la peur en opportunités**(en restant optimistes même là où les gens favorisés ont perdu tout espoir)**

-en évoluant malgré la peur**(en faisant preuve de beaucoup plus de détermination que les gens favorisés)**

-en passant à l'action malgré certaines peurs**(en persévérant même là où les gens favorisés sont découragés)**

-en chassant la peur

-en agissant avec sérieux

-En pensant au fait que la plupart des peurs sont injustifiées et que la plupart des choses dont on craint n'arrivent pas

-Etc.

Une des parties les plus intéressantes de ce livre

Développez votre sens de valorisation de soi,de confiance,d'estime de soi,soyez fier de vous ici maintenant toute suite,sans attendre d'obtenir quoi que ce soit,vous avez déjà tout ce qu'il faut pour être fier de vous

Aimez votre corps,cœur,âme,esprit,évitez de dire que quelqu'un est mieux que vous car votre subconscient ne connaît pas de blagues,il peut accepter cela comme réalité et agir en conséquence

34..-Attitudes,Et Habitudes des héros et héroïnes défavorisés

-Attitudes Pour «créer de gros changements»((«face aux obstacles,difficultés...)

.Les gens qui ont développé un mental des héros défavorisés n'ont pas peur de créer de gros changements,ils savent s'adapter aux changements,même pendant les périodes difficiles,ils savent que le changement fait partie de la vie;ils savent que pour se créer une nouvelle vie extraordinaire,il faut changer il faut apporter de changements dans sa vie

-Einsten a expliqué ceci : «la folie c'est le fait d'espérer des résultats différents alors qu'on refuse de changer,alors qu'on refuse d'apporter des changements dans ses approches,ses habitudes»

-Si vous voulez décupler vos chances de réaliser vos rêves,vous devez agir comme les héros défavorisés,vous devez embrasser les changements positifs efficaces adaptés

S34.Stratégies des héros défavorisés pour «créer un changement»
Pour réussir un changement,les héros défavorisés s'engagent à faire preuve de beaucoup plus d'efforts et stratégies que les gens favorisés

-Par conséquent pour réussir un changement,les héros défavorisés modélisent les autres héros défavorisés

-en s'adaptant aux changements**(en faisant preuve de beaucoup plus de détermination que les gens favorisés)**

-en transformant le changement en opportunités

-en agissant avec stratégies**(en persévérant même là où les gens favorisés sont découragés)**

-en utilisant la puissance des changement

-en tirant des leçons à travers les changements **(en restant optimistes même là où les gens favorisés ont perdu tout espoir)**

-En pensant au fait que le succès se trouve à l'extérieur de la zone de confort

-Etc.

Une des parties les plus importantes de ce livre

-Que pensez-vous de vous même?avez-vous une haute estime de vous même ?

-Soyez fier de vous et de votre vie,acceptez-vous,pardonnez à vous même,vous méritez cela

-Face au stress,choisissez de concentrer votre corps,coeur,âme,esprit...sur des choses apaisantes,positives,optimistes ;

35.-Attitudes,Et Habitudes des héros et héroïnes défavorisés

-**Face au licenciement** («face aux obstacles,difficultés…)

.Lorsqu'ils sont licenciés beaucoup de gens se découragent et perdent confiance en eux;c'est parfois dans ces genres de situations qu'on remarque la différence entre les héros défavorisés et les autres ;

-Lorsqu'ils sont licenciés,les héros défavorisés commencent par chercher le cadeau ou l'opportunité,qui se cache derrière le licenciement,ils se disent que derrière la plupart des soucis et déceptions se cachent des opportunités, avantages et solutions
Un sage prospère a dit : » un bon compte en banque donne assurance et courage»,en effet lorsqu'ils sont confrontés au manque d'argent et au licenciement,beaucoup de gens perdent l'estime de soi,l'optimisme,la confiance
-Si vous voulez décupler vos chances d'obtenir ce que vous voulez,vous devez prendre l'habitude d'agir comme les héros défavorisés

S35.Stratégies des héros défavorisés «En cas de licenciement »
Alors que beaucoup de gens se découragent et perdent confiance en eux lorsqu'ils sont licenciés,les héros défavorisés ne se découragent pas,au contraire,ils s'engagent à agir avec beaucoup plus d'efforts,de stratégies et de forces mentales que les gens favorisés

-Par conséquent pour se relever et atteindre des objectifs,les héros défavorisés s'inspirent des autres héros défavorisés en

-en transformant le licenciement en avantages**(en faisant preuve de beaucoup plus de détermination que les gens favorisés)**

-en considérant le licenciement comme opportunités pour changer de vie,et évoluer

-en agissant en groupe **(en persévérant même là où les gens favorisés sont découragés)**

-en tirant des leçons à travers le licenciement

-en espérant tirer du positif...**(en restant optimistes même là où les gens favorisés ont perdu tout espoir)**

-En pensant aux sagesses qui considèrent que une force invisible peut venir au secours de l'être humain optimiste dynamique

-Etc.

Une des parties les plus importantes de ce livre

Arrêtez de donner du poids aux conditionnements négatifs,et critiques des autres,hypnotisez votre corps,esprit,âme avec des pensées,idées,croyances dynamiques optimistes.

36.-Attitudes,Et Habitudes des héros et héroïnes défavorisés

-En cas de perte d'opportunité («face aux obstacles,difficultés...)

.Les gens qui ont développé un mental des héros défavorisés savent créer des opportunités,ils restent confiants optimistes même quand ils ratent ou perdent des opportunités
-Nombreux sont les gens qui désespèrent et perdent tout espoir lorsqu'ils perdent de grosses opportunités ;ils se disent qu'ils n'ont pas de chance,qu'ils ne méritent pas la réussite,.
-Lorsqu'ils perdent des grosses opportunités,les héros défavorisés refusent de perdre espoir,ils restent optimistes,confiants,ils se disent que chaque opportunité perdue apporte un nombre illimité d'opportunités;par exemple ils peuvent se dire que chaque grosse opportunité perdue,ouvre accès à plus de 1000 nouvelles opportunités, (cela ne veut pas dire qu'ils aiment perdre des opportunités...)

36.**Stratégies des héros défavorisés** «En cas de perte d'opportunités»

-Même lorsqu'ils ont perdu des opportunités,les héros défavorisés,ne perdent pas le moral,au contraire,ils décident d'agir avec beaucoup plus de forces mentales,d'efforts et stratégies que les gens favorisés

-Ainsi donc pour avancer,sans se décourager,les héros défavorisés s'inspirent des autres autres héros défavorisés en

-en transformant la perte d'opportunités en avantages**(en restant optimistes même là où les gens favorisés ont perdu tout espoir)**

-en agissant avec efficacité**(en faisant preuve de beaucoup plus de détermination que les gens favorisés)**

-en explorant de nouveaux horizons

-en testant de nouvelles possibilités**(en persévérant même là où les gens favorisés sont découragés)**

-en sortant de leurs zones de confort

-En considérant que certaines difficultés et certains soucis peuvent aider à devenir plus fort,plus confiant,plus solide mentalement émotionnellement..

-Etc.

Une des parties les plus intéressantes de ce livre

Prenez l'habitude de saturer votre cœur,corps,

âme,esprit..avec des pensées,idées,et croyances de valorisation de soi,d'estime de soi,de confiance en soi,de respect de soi;Restez fier de vous,qu'importe votre situation

Face aux difficultés,souvenez-vous du fait que la plupart des difficultés sont temporaires,la plupart des difficultés peuvent se transformer en avantages,opportunités

37.-Attitudes,Et Habitudes des héros et héroïnes défavorisés

-Face à la tristesse(«face aux obstacles,difficultés…)

Lorsqu'ils sont tristes,les gens qui ont développé un mental des héros défavorisés font tout leur possible pour maîtriser et stopper la tristesse!
-Les sages ont l'habitude de dire que la première douleur peut être involontaire tandis que la souffrance permanente est souvent volontaire ; cette sagesse peut choquer,ça continue de me choquer moi même,ça peut surprendre, puisque nous sommes conditionnés à croire que c'est normal de souffrir pendant longtemps,lorsque nous sommes blessés,déçus!je suis d'accord que c'est difficile et que tout dépend des soucis;ce dont je suis sûr c'est que,le fait d'être triste pendant longtemps peut détruire une personne et que ça peut tuer une personne(de manières indirectes)

-Si vous voulez augmenter vos chances de réussir et de vaincre la tristesse,vous devez adopter les habitudes des héros défavorisés,vous devez apprendre à sortir de la tristesse le plus rapidement possible
-Surtout,n'oubliez pas de prendre l'habitude de passer à l'action même quand vous êtes tristes

37.**Stratégies des héros défavorisés pour** «gérer tristesse »
-Même lorsqu'ils traversent une petite période de tristesse,les héros défavorisés,ne perdent pas espoir,au contraire,ils s'engagent à faire preuve de beaucoup plus de forces mentales de stratégies et d'efforts que les gens favorisés

-Par conséquent pour ne pas perdre espoir,les héros défavorisés s'inspirent des autres héros défavorisés en

-en se focalisant sur du positif**(en persévérant même là où les gens favorisés sont découragés)**

-en changeant de focus**(en faisant preuve de beaucoup plus de détermination que les gens favorisés)**

-en développant leurs forces mentales

-en avançant malgré la tristesse**(en restant optimistes même là où les gens favorisés ont perdu tout espoir)**

-en chassant la tristesse

-En pensant aux sagesses qui disent que plus on fait effort pendant périodes compliquées,plus on aura des facilités pendant le jour j

-Etc.

Une des parties les plus importantes de ce livre

Vous avez déjà tout ce qu'il faut pour être fier de vous,vous n'avez pas besoin d'attendre d'obtenir quoi que ce soit pour être heureux.

38.-Attitudes,Et Habitudes des héros et héroïnes défavorisés

-Face aux pressions(«face aux obstacles,difficultés…)

Beaucoup de gens perdent le contrôle et se mettent dans tous les états dès qu'ils sont confrontés aux moindres pressions;or il est possible de se maîtriser même quand on est confronté aux difficultés,soucis
-à la différence de ceux qui croient que le fait de sentir une pression est quelque chose de toujours négatif,les héros défavorisés savent que un certain degré de pression peut **s'avérer être bénéfique** et source de motivation;par exemple c'est souvent grâce à la pression que les êtres humains agissent efficacement
-En matières de productivité,il a été prouvé à maintes reprises,que plus il y a un certain degré de pression,plus les gens sont productifs

S38.**Stratégies des héros défavorisés**«En cas de pressions »

face aux pressions,nombreux sont les gens qui perdent le contrôle,et l'espoir;tandis que les héros défavorisés font tout sauf se décourager,au contraire,ils choisissent de faire preuve de beaucoup plus de forces mentales de stratégies,que les gens favorisés

-Par conséquent,pour persévérer et atteindre des objectifs malgré les pressions,les héros défavorisés s'inspirent des autres héros défavorisés en

-en maîtrisant la pression

-en transformant la pression en avantage**(en faisant preuve de beaucoup plus de détermination que les gens favorisés)**

en agissant en groupe

-en se servant de la puissance de la pression positive**(en restant optimistes même là où les gens favorisés ont perdu tout espoir)**

-en refusant de se laisser malmener par la pression**(en persévérant même là où les gens favorisés sont découragés)**

-en refusant de devenir esclave de la pression

-En refusant de se comporter comme les losers qui perdent le contrôle face aux moindres pressions

-Etc.

Une des parties les plus importantes de ce livre

Libérez votre cerveau des histoires,et pensées pessimistes,négatives,déprimantes,des pensées qui vous empêchent d'être fier de vous,certains pseudo-héros reconnus n'ont rien fait d'extraordinaire...

-Engagez-vous à rester fier de vous,qu'importe la critique des autres

-Pour être heureux,prenez l'habitude d'imprégner vos neurones et chakras avec des pensées,idées et croyances de gratitude et de paix intérieure

39.-Attitudes,Et Habitudes des héros et héroïnes défavorisés

-Face aux menaces(«face aux obstacles,difficultés…)

Alors que beaucoup de gens se découragent et abandonnent leurs rêves et projets dès qu'ils sont confrontés aux menaces et obstacles,les héros défavorisés restent confiants,optimistes,persévérants;ils ont tendance à prendre les mesures qui s'imposent pour gérer les menaces,pour continuer d'avancer

.Pas besoin de vous préciser que beaucoup de gens perdent le contrôle et agissent n'importe comment dès qu'ils sont victimes de moindres menaces;certes il ne faut jamais négliger les menaces,mais il ne faut pas tout abandonner à cause des menaces,(sauf exception)il convient mieux de prendre les mesures qui s'imposent
-si vous voulez augmenter vos chances d'atteindre vos objectifs,vous devez vous inspirer des héros défavorisés

S39.Stratégies des héros défavorisés «En cas de menaces »

face aux menaces,les héros défavorisés refusent de se décourager,au contraire,ils s'engagent à faire preuve de beaucoup plus de forces mentales de stratégies et d'efforts que les gens favorisés

-Ainsi donc pour persévérer et réussir malgré les menaces,les héros défavorisés,modélisent les autres héros défavorisés en agissant comme eux

-en prenant les mesures qui s'imposent

-en agissant avec stratégies**(en faisant preuve de beaucoup plus de détermination que les gens favorisés)**

-en refusant de se laisser malmener par la peur

-en disant non au désespoir**(en persévérant même là où les gens favorisés sont découragés)**

-en activant leurs forces mentales et psychologiques **(en restant optimistes même là où les gens favorisés ont perdu tout espoir)**

-En développant le mental fort et attitudes des héros défavorisés

-Etc.

Une des parties les plus importantes de ce livre

-Puisqu'il est possible de se sentir fier de soi,sans pour autant inviter l'ego,choisissez de développer votre sens d'estime de soi,de respect de soi,de valorisation de soi,appréciez-vous,pardonnez à vous même pour vos erreurs,certaines erreurs sont là pour vous aider à grandir à apprendre à réussir..

-Soyez et restez fier de vous

-Face aux désespoir,hypnotisez les molécules de votre corps avec des histoires optimistes,positives

40.-Attitudes,Et Habitudes des héros et héroïnes défavorisés

-En cas de **doutes**(«face aux obstacles,difficultés...)

.Une des grandes différences entre les gens qui ont développé un mental des héros défavorisés et les autres réside dans le fait que les gens qui ont développé un mental des héros défavorisés savent maîtriser le doute,ils savent agir malgré le doute
-En effet,un des secrets des héros défavorisés se situe dans leur habitude qui consiste à agir à passer à l'action malgré le doute;aussi étonnant et paradoxal que cela puisse paraître,les héros défavorisés n'hésitent pas à passer à l'action malgré le doute
-si vous voulez décupler vos chances d'atteindre vos objectifs,vous devez prendre l'habitude d'agir et de passer à l'action malgré le doute

S40.Stratégies des héros défavorisés « En cas de doutes »
Face aux doutes,les héros défavorisés,refusent le découragent,ils s'engagent à agir avec beaucoup plus de stratégies de forces mentales et d'efforts que les gens favorisés

-Par conséquent pour avancer et atteindre des objectifs malgré le doute,les héros défavorisés s'inspirent des autres héros défavorisés en

-en transformant le doute en certitudes

-en agissant malgré les doutes**(en faisant preuve de beaucoup plus de détermination que les gens favorisés)**

-en agissant en groupe,équipe

-en transformant le doute en certitude**(en persévérant même là où les gens favorisés sont découragés)**

-en décidant d'agir avec ou sans certitude **(en restant optimistes même là où les gens favorisés ont perdu tout espoir)**

En refusant de se comporter comme les losers négatifs qui attendent d'être sûrs à 1000 % pour passer à l'action

-En pensant aux sagesses qui considèrent que le plus grand risque c'est de n'en prendre aucun(sauf exception)

-Etc.

Une des parties les plus importantes de ce livre

Saturez votre esprit avec des pensées d'estime de soi de confiance en soi,ne laissez aucune place aux critiques des autres ni aux conditionnements négatifs.Prenez l'habitude de vous féliciter au quotidien.

41.-Attitudes,Et Habitudes des héros et héroïnes défavorisés

-En cas d'incertitude

Alors que beaucoup de gens restent bloqués et arrêtent de passer à l'action dès qu'ils se sentent incertains,les gens qui ont développé un mental des héros défavorisés ne se laissent pas dominer par les incertitudes et doutes
-Même si l'incertitude peut parfois permettre de prendre le temps de réfléchir pour faire le bon choix,il convient de souligner que dans la plupart des cas, l'incertitude se présente comme obstacle au passage à l'action à la réussite
-il a été démontré que les gens qui réussissent sont en général des gens qui prennent des décisions rapidement,tandis que les gens qui échouent le plus sont en général des gens qui mettent beaucoup de temps avant de décider;mais attention,cela ne veut pas dire qu'il faut agir n'importe comment,cela veut dire qu'il ne faut pas attendre plus de temps qu'il n'en faut pour décider

S41.**Stratégies des héros défavorisés** «En cas d'incertitude …. »

Même lorsqu'ils ont des incertitudes,les héros défavorisés,refusent d'abandonner leurs rêves,objectifs,au contraire,ils choisissent d'agir avec beaucoup plus d'efforts de stratégies de forces mentales...que les gens favorisés

-Par conséquent pour avancer et atteindre des objectifs,malgré les incertitudes,les héros défavorisés s'inspirent des autres héros défavorisés en :

-en agissant malgré les incertitudes**(en faisant preuve de beaucoup plus de détermination que les gens favorisés)**

-en transformant les incertitudes en avantages

-en agissant avec confiance **(en persévérant même là où les gens favorisés sont découragés)**

-en transformant les incertitudes en confiance,en optimisme**(en restant optimistes même là où les gens favorisés ont perdu tout espoir)**

-en refusant de se laisser paralyser par les peurs et incertitudes

-En sortant de leur zone de confort

-Etc.

Une des parties les plus importantes de ce livre

Dés-hypnotisez votre cerveau des conditionnements négatifs qui portent des coups durs à votre estime de vous même;prenez l'habitude d'hypnotiser votre âme,votre esprit,votre cœur,vos organes internes et externes avec des pensées,idées et croyances réconfortantes dynamisantes optimistes apaisantes.

42.-Attitudes,Et Habitudes des héros et héroïnes défavorisés

-Pendant saisons difficiles

les héros défavorisés sont des gens qui considèrent que dans la vie,tout est comme des saisons,il y a des saisons difficiles et des saisons moins difficiles,cela veut dire que dans la vie,on a tous des périodes où on est confrontés aux difficultés et challenges,de même il y a des périodes ou presque tout marche correctement,comme on veut

.les sages ont l'habitude de dire que dans la vie de tout le monde il y a des saisons difficiles et des saisons moins difficiles
-Afin de décupler vos chances d'attirer et ou de garder bonheur,réussite,vous devez prendre l'habitude d'agir comme les héros défavorisés,vous devez prendre l'habitude de vous adapter aux saisons de la vie

S42.Stratégies des héros défavorisés «Pendant les saisons difficiles..»
Lorsqu'ils traversent des saisons difficiles,les héros défavorisés refusent de perdre espoir,au contraire ils décident de faire preuve de beaucoup plus de forces mentales,d'efforts et stratégies que les gens favorisés

-Ainsi donc pour persévérer et atteindre des objectifs malgré les saisons difficiles,les héros défavorisés s'inspirent des autres héros défavorisés en

-en s'adaptant aux périodes difficiles**(en faisant preuve de beaucoup plus de détermination que les gens favorisés)**

-en transformant les saisons difficiles**(en restant optimistes même là où les gens favorisés ont perdu tout espoir)**

-en agissant avec confiance

-en considérant les saisons difficiles comme des opportunités pour grandir et avancer**(en persévérant même là où les gens favorisés sont découragés)**

-en se focalisant sur le fait que la plupart des saisons difficiles sont temporaires,pas permanentes

-en refusant de se comporter comme les losers négatifs,qui sont 24h sur 24 à la recherche des facilités,conforts, raccourcis,..

-Etc.

Une des parties les plus intéressantes de ce livre

> -Cultivez dans votre esprit,des graines de valorisation de soi,d'amour de soi,de respect de soi,soyez de fier,qu'importe votre erreur

Pour être heureux,prenez l'habitude de pratiquer la gratitude de façon active,en tenant un journal de gratitude par exemple,en prenant l'habitude de remercier pour tout ce dont vous avez la chance d'avoir au lieu de souffrir en pensant à ce que vous n'avez pas .

-Ne vous sous-estimez jamais,ignorez les critiques et conditionnements négatifs,soyez fier de vous

43.-Attitudes,Et Habitudes des héros et héroïnes défavorisés

-En cas de fatigue

.Nombreux sont les gens qui se découragent dès qu'ils commencent à sentir les moindres signes de la fatigue -il n y a aucun mal à se reposer un peu lorsqu'on est vraiment,fatigué,d'autant plus qu'il a été démontré que l'être humain n'est pas assez productif lorsqu'il est très fatigué

-La différence entre les héros défavorisés et les autres,c'est que les héros défavorisés ne s'arrêtent pas à cause de petites fatigues;ils prennent des pauses lorsqu'ils sont vraiment fatigués,afin de mieux reprendre le travail avec énergie et efficacité

-Si vous voulez décupler vos chances d'atteindre vos objectifs,vous devez adopter l'habitude des héros défavorisés

S43.Stratégies des héros défavorisés«En cas de fatigue ... »

Alors que beaucoup de gens restent inactifs dès qu'ils se sentent fatigués,les héros défavorisés ne sont pas du genre à s'arrêter dès qu'il y a moindre signe de fatigue,au contraire,ils s'engagent à agir avec beaucoup plus d'efforts de stratégies et de forces mentales que les gens favorisés

-Par conséquent pour persévérer et atteindre des objectifs malgré les sensations de fatigue,les héros défavorisés s'inspirent des autres héros défavorisés en

-en transformant la fatigue en énergie**(en faisant preuve de beaucoup plus de détermination que les gens favorisés)**

-en mangeant des aliments qui apportent de l'énergie

-en pensant positivement**(en persévérant même là où les gens favorisés sont découragés)**

-en respirant de façon abdominale

-en agissant avec énergie,espoir **(en restant optimistes même là où les gens favorisés ont perdu tout espoir)**

En refusant de se comporter comme les losers paresseux,fainéants qui arrêtent de passer à l'action,dès qu'ils sentent la moindre trace de fatigue

-En pensant au fait que c'est au moment où on commence à sentir fatigue,stress,qu'il faut absolument se différencier des losers négatifs,paresseux,qui arrêtent de passer à l'action dès qu'ils commencent à sentir la moindre goutte de fatigue,stress(sauf exception)

-Etc.

Une des parties les plus importantes de ce livre

Développez votre sens d'amour de soi,de respect de soi,de valorisation de soi,respectez-vous,aimez-vous..

-Soyez fier de vous,ignorez les conditionnements négatifs confusionnistes qui vous font croire à tort qu'il faut soi-disant avoir de gros succès pour être fier de soi

-Face aux échecs,souvenez-vous du fait que la plupart des échecs sont temporaires,pas éternels

44.-Attitudes,Et Habitudes des héros et héroïnes défavorisés

-En l'absence de résultats rapides

.Plus que jamais,Au 21 ème siècle beaucoup de gens veulent des résultats rapides et ne veulent pas attendre
-Alors que beaucoup de gens se découragent et abandonnent leurs rêves dès que le succès tarde à venir,les héros défavorisés ne se découragent pas et n'abandonnent pas leurs rêves,même lorsque la réussite tarde à venir;ils savent que la réussite vient étape après étape,tout comme la nature;la nature évolue étape après étape
-Si vous voulez augmenter vos chances d'attirer ou de garder bonheur,vous devez prendre l'habitude d'agir comme les héros défavorisés,vous devez prendre l'habitude de rester optimiste,confiant même en l'absence des résultats rapides.
-agissez,

S44.Stratégies des héros défavorisés«En l'absence de résultats rapides..»

Alors que beaucoup de gens se découragent et abandonnent leurs rêves,dès que les résultats tardent à venir,les héros défavorisés,ne se découragent pas,au contraire,ils s'engagent à agir avec beaucoup plus d'efforts de stratégies de forces mentales que les gens favorisés

-Ainsi donc pour ne pas se décourager,les héros défavorisés s'inspirent des autres héros défavorisés en

-refusant le pessimisme**(en restant optimistes même là où les gens favorisés ont perdu tout espoir)**

-en développant l'optimisme**(en persévérant même là où les gens favorisés sont découragés)**

-en cultivant la résilience**(en faisant preuve de beaucoup plus de détermination que les gens favorisés)**

-en développant leur potentiel de persévérance

-en développant leur potentiel de patience

-en développant identité et estime de soi des winners

-Etc.

Une des parties les plus importantes de ce livre

Afin de vous sentir fier de vous même,pensez à toutes vos réussites,laissez-vous ancrer par les émotions véhiculées par cette petite méditation presque hypnotique.Soyez fier de vous toute suite afin de ne pas gâcher le moment présent

-Refusez le découragement,certains soucis contiennent des graines d'opportunités,réussites,bonheur...

45.-Attitudes,Et Habitudes des héros et héroïnes défavorisés

-En cas d'erreurs («face aux obstacles,difficultés...)

Contrairement à beaucoup de gens,les gens qui ont développé un mental des héros défavorisés sont en général des gens qui n'oublient jamais le fait que l'erreur est humaine,et que certaines erreurs peuvent se transformer en avantages.Ils savent tirer des leçons de leurs expériences -plusieurs sagesses nous conseillent de ne jamais regretter les erreurs,les erreurs peuvent permettre de s'améliorer et de grandir .

-les gens qui réussissent le plus ont le growth mindset,le mindset(l'état d'esprit)de croissance,ils savent qu'il est possible de grandir et évoluer

-Si vous voulez augmenter vos chances d'obtenir ce que vous voulez,vous devez prendre l'habitude de transformer vos erreurs en opportunités pour apprendre et grandir

S45.Stratégies des héros défavorisés«En cas d'erreurs»
Même lorsqu'ils ont fait des erreurs,les héros défavorisés ne se découragent pas,au contraire,ils s'engagent à agir avec beaucoup plus de forces mentales de stratégies et d'efforts que les gens favorisés

-Ainsi donc pour ne pas se décourager,les héros défavorisés s'inspirent des autres héros défavorisés en

-en développant leurs expériences

-en se servant de la puissance de certaines erreurs**(en faisant preuve de beaucoup plus de détermination que les gens favorisés)**

-en transformant les erreurs en avantages**(en persévérant même là où les gens favorisés sont découragés)**

-en tirant des leçons de leurs erreurs

-en agissant avec confiance**(en restant optimistes même là où les gens favorisés ont perdu tout espoir)**

-En pensant au fait que certaines difficultés sont des opportunités déguisées en cauchemars

-Etc.

Une des parties les plus importantes de ce livre
Si vous voulez changer votre vie,vous devez prendre conscience de vos atouts talents,ce qui vous empêche de prendre conscience de vos atouts et talents ce sont souvent les conditionnements négatifs et les critiques des autres.Apprenez à être fier de vous

> Soyez fier de vous dès maintenant sans attendre d'obtenir ou de devenir quoi que ce soit

46.-Attitudes,Et Habitudes des héros et héroïnes défavorisés

-«En cas de conflits de familles,couples...»(«face aux obstacles,difficultés...)

-à la différence des gens qui se découragent et gâchent leurs relations de business,d'amour,d'amitié..les héros défavorisés savent gérer les conflits de manières positives,ils savent que certains conflits peuvent se transformer en avantages,opportunités,solutions..

b.Si il y a de plus en plus de divorces dans certaines régions du monde c'est aussi parce que beaucoup de gens n'hésitent pas à se se séparer de leur conjoint(e),ou autres membres de leurs familles dès qu'il y a moindres signes de difficultés,obstacles...
-Afin de décupler vos chances d'atteindre vos objectifs et de gérer des conflits,vous devez adopter les habitudes des héros défavorisés,vous devez prendre l'habitude de gérer les conflits avec optimisme,confiance...

S46.Stratégies des héros défavorisés «En cas de conflits de familles,couples…»
Lorsqu'ils sont en conflits,les héros défavorisés ne perdent pas espoir,au contraire,ils s'engagent à faire preuve de beaucoup plus de forces mentales de persévérances et stratégies que les gens favorisés

par conséquent pour mieux persévérer et atteindre des objectifs,les héros défavorisés s'inspirent des autres héros défavorisés en

-en utilisant les meilleures stratégies de gestion de conflits**(en faisant preuve de beaucoup plus de détermination que les gens favorisés)**

-en utilisant d'excellentes techniques de communications

-en transformant les conflits en avantages**(en persévérant même là où les gens favorisés sont découragés)**

-en agissant avec confiance **(en restant optimistes même là où les gens favorisés ont perdu tout espoir)**

-en considérant les conflits comme opportunité,pour grandir avancer

-en se racontant des histoires optimistes positives au fond d'eux mêmes

-Etc.

Une des parties les plus intéressantes de ce livre

Vous méritez d'être fier de vous même,qu'importe votre situation,même si vous n'avez pas obtenu ce que vous voulez;vous avez déjà tout ce qu'il faut pour être fier de vous,même si les critiques des autres,ainsi que les conditionnements négatifs semblent vous dire le contraire

Face,aux trahisons,souvenez-vous du fait que,les trahisons peuvent se métamorphiser en avantages.

-Restez fier de vous,les traîtres risquent d'être punis tôt ou tard

47.-Attitudes,Et Habitudes des héros et héroïnes défavorisés

-En cas de conflits avec des Amis et associés..»(«face aux obstacles,difficultés…)

-Une des grandes forces des héros défavorisés se situe dans leur aptitude à gérer les conflits,ils savent interpréter les conflits de la façon la plus efficace qui soit,ils savent que les conflits peuvent se transformer en avantages, opportunités...
b.Nous avons presque tous entendu parler des amitiés et partenariats qui se sont brisés,face à des obstacles et difficultés… ;cela peut s'expliquer en partie par le fait que beaucoup de gens se comportent de manières pessimistes,négatives...
-Si vous voulez décupler vos chances d'attirer ou de garder réussite,amour,bonheur,prospérité,bien-être….vous devez adopter l'habitude des héros défavorisés,vous devez prendre l'habitude d'adopter l'habitude qui consiste à interpréter les obstacles et conflits de façons moins pessimistes

S47.Stratégies des héros défavorisés«En cas de conflits avec des Amis et associés..»

Les héros défavorisés refusent de perdre espoir même lorsqu'ils sont en conflits avec des amis,et associés,,
-ils s'engagent à agir avec beaucoup plus de stratégies de forces mentales et d'efforts que les gens favorisés

-Ainsi donc pour ne pas se décourager ,les héros défavorisés s'inspirent des autres auteurs défavorisés en

-en considérant les conflits comme opportunités pour changer et grandir**(en faisant preuve de beaucoup plus de détermination que les gens favorisés)**

-en considérant les conflits comme signes d'alertes

-en refusant le désespoir**(en persévérant même là où les gens favorisés sont découragés)**

-en disant; « non au pessimisme»**(en restant optimistes même là où les gens favorisés ont perdu tout espoir)**

-en activant leurs potentiels de patience,persévérance

-en refusant de donner du poids aux pensées négatives pessimistes

-Etc.

Une des parties les plus importantes de ce livre

-Soyez fier de vous toute suite dans le moment présent sans attendre de réussir quoi que ce soit !

-Ne perdez pas confiance en vous,même si vous pensez ne pas avoir,poids idéal,plus vous êtes fier de vous plus vous augmentez vos chances de mieux attirer ce que vous considérez comme poids idéal

48.-Attitudes,Et Habitudes des héros et héroïnes défavorisés

-Pour éduquer des enfants difficiles(«face aux obstacles

,difficultés...)

b.Si certains sont devenus délinquants,c'est parfois parce qu'ils n'ont pas reçu une éducation adéquate adaptée pendant leurs enfances;mais cela ne veut pas dire que tout est fini,cela ne veut pas dire qu'il n y a pas de solution,en effet cette situation est loin d'être fatale irremplaçable
-Comme vous le savez il y a plusieurs types d'éducations,l'éducation de la famille,l'éducation des amis,l'éducation des médias,l'éducation de la rue,l'éducation des écoles…,
-à la différence des gens réactifs qui ne font pas suffisamment d'efforts pour éduquer leurs enfants,les héros défavorisés consacrent beaucoup de temps à l'éducation de leurs enfants,ils ne laissent pas le hasard et les autres décider de l'éducation de leurs enfants,ils prennent les choses en mains

N°48.Stratégies des héros défavorisés«Pour éduquer des enfants difficiles»face aux obstacles difficultés

Les héros défavorisés encouragent leurs enfants à prendre l'habitude d'agir avec beaucoup plus d'efforts de stratégies et de forces mentales que les enfants des gens favorisés

-Par conséquent pour persévérer et réussir,les héros défavorisés,s'inspirent des autres héros défavorisés en :

-en restant optimistes**(en faisant preuve de beaucoup plus de détermination que les gens favorisés)**

-en considérant leurs difficultés comme opportunités pour grandir et changer de vie

-en faisant beaucoup plus d'efforts que les gens favorisés **(en restant optimistes même là où les gens favorisés ont perdu tout espoir)**

-En décidant d'agir différemment **(en persévérant même là où les gens favorisés sont découragés)**

-en choisissant de fournir beaucoup plus de forces mentales,d'efforts,de stratégies,de persévérance,de patience,d'humanisme,... que les gens favorisés !

-En activant leur mental de super winner et non pas de loser

-En pensant aux gens qui demandent à Dieu et à la nature de leur envoyer quelques soucis et problèmes,puisqu'il est difficile de grandir quand on a aucun problème,quand on a confort durable

-Etc.

Une des parties les plus importantes de ce livre

Contrairement aux propos véhiculés par les conditionnements négatifs,vous n'avez pas besoin d'avoir de gros succès pour être fier de vous,sans le savoir,vous avez déjà réalisé des exploits des actes héroïques!**Soyez fier de vous,vous méritez cela**

Alors que beaucoup de gens se découragent lorsqu'ils sont censés éduquer des enfants difficiles,les héros défavorisés ne se découragent pas,au contraire,ils s'engagent à agir avec beaucoup plus de stratégies de forces mentales et d'efforts que les gens favorisés

49.-Attitudes,Et Habitudes des héros et héroïnes défavorisés

-Pas d'attentes excessives(le monde ne vous doit rien(disent-ils)

Un adage disait,ne demandez pas ce que votre pays peut faire pour vous,au lieu de ça demandez-vous ce que vous pouvez faire pour votre pays;ce message souligne l'importance d'apporter de la valeur aux autres,l'importance d'être une personne qui apporte de la valeur aux autres ,au lieu d'avoir des attentes excessives à l'égard des autres

-Alors que beaucoup de gens ont des attentes excessives à l'égard des autres,les héros défavorisés
sont des gens qui s'engagent à apporter de la valeur aux autres,ce sont des gens qui pensent constamment à comment apporter beaucoup plus de valeurs aux autres
b.ce qui fait souffrir beaucoup de gens c'est qu'ils ont des attentes excessives à l'égard des autres(or comme le disent les américains, le monde ne vous doit rien

S49.Stratégies des héros défavorisés«Pas d'attentes excessives»

Alors que beaucoup de gens ont des attentes excessives à l'égard des autres,les héros défavorisés n'ont pas d'attentes excessives à l'égard des autres,ils préfèrent plutôt s'engager à agir avec beaucoup plus d'efforts de stratégies et de forces mentales que les gens favorisés

-Par conséquent pour persévérer et atteindre des objectifs,les héros défavorisés modélisent les autres héros défavorisés en agissant comme eux

-en apportant de la valeur aux autres

-en refusant d'avoir des attentes excessives**(en faisant preuve de beaucoup plus de détermination que les gens favorisés)**

-en se disant que le monde ne leur doit rien

-en activant leur potentiel de patience**(en persévérant même là où les gens favorisés sont découragés)**

-en stimulant leur potentiel de résilience,gratitude**(en restant optimistes même là où les gens favorisés ont perdu tout espoir)**

-En rejetant les croyances négatives pessimistes

-Etc.

Une des parties les plus intéressantes de ce livre

Ayez du respect pour vous même,soyez fier de vous,ignorez les idées reçues mensongères qui font croire à tort,qu'il faut soi-disant avoir ceci ou cela pour être fier de soi.

Face à la tristesse,changez de focus,focalisez votre attention sur du positif,profitez du moment présent... Focalisez votre attention sur vos qualités,vos chances...! Vous avez tout ce qu'il faut pour être fier de vous,ne l'oubliez jamais

50.-Attitudes,Et Habitudes des héros et héroïnes défavorisés

-Compassion,empathie sens de l'investissement »(«face aux obstacles,difficultés…)

Suite aux questions,veux-tu augmenter ton potentiel de compassion ?,veux-tu augmenter ta capacité à mieux écouter les autres ?,à mieux aider les autres,?beaucoup de gens n'hésitent pas à répondre « non « en prétextant qu'ils ont eux mêmes besoin de tout,(soi-disant)par conséquent ils prétendaient qu'ils ne pourraient pas aider les autres;ce qu'ils ignorent dans tout ça c'est qu'ils ignorent ou négligent le fait que plus ils développent leur potentiel de compassion,empathie plus ils augmentent leur chance d'atteindre leurs objectifs;les héros défavorisés n'hésitent pas à développer des valeurs comme la compassion,l'empathie,sens de l'investissement,ils savent que plus ils développent leur potentiel de compassion,empathie,sens de l'investissement,plus ils augmentent leur chance d'atteindre leurs objectifs

«Compassion,empathie,sens de l'investissement »(«face aux obstacles,difficultés…) **….** »
.Pour atteindre divers objectifs la plupart des gens qui ont développé le mental des héros défavorisés utilisent des méthodes et stratégies efficaces adaptées :

S50.Stratégies des héros défavorisés pour développer «Compassion,empathie,sens de l'investissement »

Même lorsqu'ils traversent une période difficile,les héros défavorisés ne perdent pas leur sens de compassion,empathie,... ,au contraire ils choisissent de faire preuve de beaucoup plus de bon sens d'efforts de forces mentales de stratégies que les gens favorisés

-Ainsi donc pour garder leur valeur même pendant les périodes difficiles,les héros défavorisés s'inspirent des autres héros défavorisés en

-en agissant avec compassion**(en faisant preuve de beaucoup plus de détermination que les gens favorisés)**

-en agissant avec empathie**(en persévérant même là où les gens favorisés sont découragés)**

-en investissant sur du positif

-en refusant le pessimisme

-en refusant le désespoir **(en restant optimistes même là où les gens favorisés ont perdu tout espoir)**

-en écrivant sur un journal de pensée positive

-Etc.

Une des parties les plus intéressantes de ce livre

Prenez l'habitude d'hypnotiser,vos organes internes et externes avec des pensées d'amour de soi,de valorisation de soi ,de respect de soi,soyez fier de vous sans pour autant inviter l'ego.

Face à la peur,rappelez-vous du fait que la plupart des choses dont nous craignons n'arrivent pas,la plupart de nos peurs sont inutiles.Restez fier de vous ,ne perdez pas confiance en vous,même si vous êtes paralysé par la peur

51.-Attitudes,Et Habitudes des héros et héroïnes défavorisés

-Attitudes Pour Gérer Dépenses »face aux obstacles,difficultés)

Contrairement aux gens qui n'hésitent pas à dépenser plus que ce qu'ils ont en prenant des crédits en vivant au dessus de leurs moyens,dès qu'ils sont confrontés à des périodes difficiles,les héros défavorisés,restent sages,ils continuent de maîtriser leurs dépenses et émotions avec sagesse;à la différence de ceux qui perdent le contrôle de leurs dépenses dès qu'ils sont dans des périodes difficiles
b.En effet Lorsqu'ils traversent des périodes difficiles,beaucoup de gens n'hésitent pas à dépenser n'importe comment,ils n'hésitent pas à dépenser au dessus de leurs moyens en contractant des crédits

-si vous voulez décupler vos chances de réussir,vous devez agir comme les héros défavorisés,vous devez prendre l'habitude d'éviter les dépenses émotives même pendant les périodes les plus difficiles

S51.Stratégies des héros défavorisés «Pour Gérer Dépenses »

Alors que beaucoup de gens dépensent plus que ce qu'ils ont ou dépensent de manières émotionnelles excessives lorsqu'ils se trouvent en situations difficiles,les héros défavorisés,s'engagent à faire preuve de beaucoup plus de maîtrise de soi,de forces mentales que les gens favorisés

-Par conséquent pour mieux maîtriser leur dépense et émotions,les héros défavorisés s'inspirent des autres héros défavorisés en :

-en évitant les dépenses émotionnelles**(en faisant preuve de beaucoup plus de détermination que les gens favorisés)**

-en agissant avec sagesse

-en maîtrisant leurs dépenses **(en persévérant même là où les gens favorisés sont découragés)**

-en se focalisant sur du positif**(en restant optimistes même là où les gens favorisés ont perdu tout espoir)**

-en refusant de devenir esclaves de leurs propres émotions

-En refusant la médiocrité

-Etc.

Une des parties les plus importantes de ce livre

Changez votre façon de vous juger,apprenez à pardonner à vous même ,la plupart de vos erreurs sont là pour vous servir de leçons,afin de mieux préparer l'arrivée de votre bonheur.Souvenez-vous du fait que vous méritez d'être fier de vous tant que vous ne faites de mal à personne .

52.-Attitudes,Et Habitudes des héros et héroïnes défavorisés

-Attitudes En Cas De Recherche d'emploi»(«face aux obstacles,difficultés...)

b.Lorsqu'ils sont en recherches d'emplois beaucoup de gens se découragent facilement et perdent confiance en eux,ils se sentent faibles,affaiblis;Alors qu'il est possible de rester confiant optimiste,même quand on est en recherche d'emplois
-Alors que beaucoup de gens se découragent et perdent confiance en eux,lorsqu'ils sont en recherche d'emplois,les héros défavorisés ne se découragent pas et ne perdent pas confiance même quand les choses ne vont pas dans leur sens,même quand tout semble aller contre eux
-De même il a été prouvé que les gens qui se comportent de manières confiantes optimistes positives ont beaucoup plus de chances de réussir que les autres

S52.Stratégies des héros défavorisés «En Cas De Recherche d'emploi» lorsqu'ils sont en recherches d'emplois,beaucoup de gens perdent leur confiance en soi,leur estime de soi;les héros défavorisés ne perdent pas confiance en eux même lorsqu'ils sont en recherche d'emploi,au contraire,les héros défavorisés s'engagent à agir avec beaucoup plus de maîtrise de soi,de forces mentales de confiance que les gens favorisés

-Par conséquent pour mieux persévérer les héros défavorisés s'inspirent des autres héros défavorisés en

-en visualisant du positif**(en faisant preuve de beaucoup plus de détermination que les gens favorisés)**

-en renforçant leurs forces mentales et psychologiques

-en refusant de perdre l'estime de soi**(en persévérant même là où les gens favorisés sont découragés)**

-en agissant de manières qualitatives et quantitatives

-en agissant avec confiance**(en restant optimistes même là où les gens favorisés ont perdu tout espoir)**

-en observant les attitudes des champions

-Etc.

Une des parties les plus intéressantes de ce livre

> -Prenez l'habitude d'ancrer et de nourrir des pensées,idées et croyances qui vous rendent fier de vous;Vous avez le droit d'être fier de vous,malgré vos échecs et erreurs...

-Ne donnez pas aux gens négatifs,le pouvoir de vous énerver,au lieu de vous énerver en focalisant votre attention sur les gens négatifs,choisissez de focaliser votre attention sur du positif,

53.-Attitudes,Et Habitudes des héros et héroïnes défavorisés

-Attitudes pour créer ou gérer business »(«face aux obstacles,difficultés…)

b.On a l'habitude d'entendre des histoires des gens qui ont fait le choix d'abandonner leurs business,rêves à cause des obstacles et difficultés au lieu de persévérer et chercher des solutions;contrairement aux gens qui se découragent et baissent le bras,lorsqu'ils rencontrent des difficultés dans leur business,les héros défavorisés ne baissent pas les bras,même lorsqu'ils sont confrontés à des difficultés et challenge,pourquoi?parce qu'ils se disent qu'il y a solution à presque tous les problèmes!En effet consciemment ou inconsciemment,ils se disent que les difficultés échecs et soucis peuvent se transformer en avantages,opportunités...

si vous voulez décupler vos chances d'atteindre vos objectifs,adoptez les attitudes des héros défavorisés ,prenez l'habitude de persévérer même pendant les périodes difficiles

S53.Stratégies des héros défavorisés pour « créer ou gérer business»

lorsqu'ils se trouvent dans de difficultés,beaucoup de gens ont tendance à négliger leur business

-même quand ils traversent une période difficile,les héros défavorisés,ne se découragent pas,au contraire,ils s'engagent à agir avec beaucoup plus de forces mentales ..que les gens favorisés

-par conséquent pour ne pas se décourager,les héros défavorisés s'inspirent des autres héros défavorisés en :

-en lisant des livres traitant du business**(en faisant preuve de beaucoup plus de détermination que les gens favorisés)**

-en s'inspirant des business honnêtes à succès

-en agissant avec persévérance **(en persévérant même là où les gens favorisés sont découragés)**

-en agissant avec optimisme**(en restant optimistes même là où les gens favorisés ont perdu tout espoir)**

-en développant leur potentiel de persévérance

-En sortant de leur zone de confort au quotidien

-En cherchant des mentors

-Etc.

Une des parties les plus intéressantes de ce livre

-Devenez grand fan de vous même,soyez fier de vous,ignorez les critiques des autres,vous avez tout ce qu'il faut pour être fier de vous.

-Afin d'attirer et ou de garder bonheur et paix intérieure,prenez l'habitude d'imprégner votre coeur,corps,âme,esprit..avec des croyances,idées et pensées,de bien-être et de paix intérieure

54.-Attitudes,Et Habitudes des héros et héroïnes défavorisés

-état d'esprit,mental de fer,mental en acier(«face aux obstacles,difficultés...)

b.Ce qui différencie les gens qui réussissent le plus et les autres,ce ne sont pas seulement les méthodes,c'est souvent le mental,les relations..;car on peut enseigner à presque tout le monde des stratégies efficaces pour réussir,mais seuls ceux qui ont un mental adapté arrivent à atteindre certains objectifs
Certaines études ont avancé que les 80 % de la réussite viennent de psychologie,et seulement les 20 % proviennent du reste

-Si vous voulez doubler vos chances d'atteindre vos objectifs,vous devez prendre l'habitude d'agir comme les héros défavorisés,vous devez prendre l'habitude de développer le mental adapté,pour faire face aux obstacles,difficultés,challenges

-agissez,passez à l'action ...

S54.Stratégies des héros défavorisés «état d'esprit,mental de fer,mental en acier»
-alors que beaucoup de gens négligent la puissance de l'état d'esprit,du mental,les héros défavorisés s'engagent à faire preuve de beaucoup plus de forces mentales ...que les gens favorisés

-par conséquent pour développer leur mental,les héros défavorisés s'inspirent des autres héros défavorisés en

-en activant leurs forces mentales**(en persévérant même là où les gens favorisés sont découragés)**

-en nourrissant leurs forces psychologiques..**(en faisant preuve de beaucoup plus de détermination que les gens favorisés)**

-en développant leur mental fort **(en restant optimistes même là où les gens favorisés ont perdu tout espoir)**
-en agissant avec certitudes

-en agissant de manières qualitatives et quantitatives

-En développant une identité de quelqu'un qui développe mental fort

-Etc.

Une des parties les plus importantes de ce livre

-ignorez les critiques des autres,vous avez tout ce qu'il faut pour être fier de vous.

-Afin d'attirer et ou de garder bonheur et paix intérieure,prenez l'habitude d'imprégner votre esprit avec des croyances,idées et pensées,de bien-être et de paix intérieure

55.-Attitudes,Et Habitudes des héros et héroïnes défavorisés

-Optimisme («face aux obstacles,difficultés...)

Alors que beaucoup de gens deviennent pessimistes,lorsqu'ils sont confrontés à des difficultés,challenges,soucis,les héros défavorisés,restent optimistes,confiants même pendant les périodes difficiles,même quand tout semble aller contre eux ,ils savent qu'ils ont tout intérêt à rester optimistes ,confiants même pendant les périodes difficiles,même les plus extrêmes ...
b.De manières naturelles,il y a des gens qui sont beaucoup plus optimistes que d'autres.
-Ce n'est pas compliqué de rester optimiste quand tout va bien,mais qu'en est -il lorsqu'on se trouve face à des obstacles et difficultés ?
-agissez comme les héros défavorisés,adoptez leur attitude qui consiste à rester optimiste confiant même quand tout semble compliqué .

S55.Stratégies des héros défavorisés pour «développer Ou Garder Optimisme »

Même face aux difficultés,les héros défavorisés refusent de devenir pessimistes,au contraire,ils s'engagent à faire preuve de beaucoup plus d'efforts de forces mentales de stratégies que les gens favorisés

-Ainsi donc pour développer leur optimisme,les héros défavorisés s'inspirent des autres héros défavorisés en -

-en faisant des affirmations optimistes**(en faisant preuve de beaucoup plus de détermination que les gens favorisés)**

-en méditant sur les histoires optimistes**(en persévérant même là où les gens favorisés sont découragés)**

-en s'inspirant des gens optimistes

-en restant optimistes**(en restant optimistes même là où les gens favorisés ont perdu tout espoir)**

-en développant leur potentiel de persévérance

-En faisant des exercices d'affirmations positives optimistes

-Etc.

Une des parties les plus importantes de ce livre

-Prenez l'habitude d'ancrer et de nourrir des pensées,idées et croyances qui vous rendent fier de vous;Vous avez le droit d'être fier de vous,malgré vos échecs et erreurs...

-Ne donnez pas aux gens négatifs,le pouvoir de vous énerver,au lieu de vous énerver en focalisant votre attention sur les gens négatifs,choisissez de focaliser votre attention sur du positif,

56.-Attitudes,Et Habitudes des héros et héroïnes défavorisés

-Attitudes pour«sortir de la zone de confort»(«face aux obstacles,

difficultés…)

.à la différence de beaucoup de gens,les gens qui ont développé le mental des héros défavorisés n'hésitent pas à sortir de leur zone de confort,même lorsqu'ils se trouvent confrontés à des obstacles et difficultés

-Plusieurs sagesses nous répètent que le succès se trouve de l'autre côté de la zone de confort
Plus vous prenez l'habitude de sortir de votre zone de confort pour atteindre vos objectifs,plus vous décuplez vos chances d'attirer et ou de garder bonheur,réussite,succès,amour,bien-être
-Si vous voulez tripler vos chances d'atteindre vos objectifs,vous devez adopter l'attitude des héros défavorisés,vous devez prendre l'habitude de sortir de votre zone de confort,pour mieux atteindre vos objectifs..

S56.Stratégies des héros défavorisés pour «sortir de la zone de confort»
Même si beaucoup de gens préfèrent rester dans leur zone de confort,les héros défavorisés s'engagent à faire preuve de beaucoup plus de forces mentales,d'efforts de stratégies.. que les gens favorisés

-par conséquent pour persévérer,les héros défavorisés s'inspirent des autres héros défavorisés en

-en agissant malgré le stress**(en faisant preuve de beaucoup plus de détermination que les gens favorisés)**

-en refusant de devenir accros à la facilité

-en refusant de s'attacher au confort durablement**(en restant optimistes même là où les gens favorisés ont perdu tout espoir)**

-en sortant de leur zone de confort**(en persévérant même là où les gens favorisés sont découragés)**

-en embrassant l'inconfort temporaire

-en lisant la biographie des champions

-en étudiant les exercices et routines des champions

-Etc.

Une des parties les plus importantes de ce livre

Ouvrez vos yeux,apprenez à voir vos propres qualités et talents,ne soyez pas hypnotisés par les critiques des autres;soyez fier de vous dès maintenant toute suite sans attendre de réaliser ou d'obtenir quoi que ce soit .

57.-Attitudes,Et Habitudes des héros et héroïnes défavorisés

-« **Sacrifices pour réussir** »(«face aux obstacles,difficultés…)

.On a l'habitude d'entendre l'adage «on ne peut pas avoir le beurre et l'argent du beurre en même temps»en effet pour atteindre certains objectifs,il faut sacrifier quelques choses,comme la paresse,la peur excessive…
-d'autres sagesses nous disent que chaque choix est un renoncement,cela veut dire que à chaque fois qu'on fait un choix,c'est comme si on a sacrifié ou refusé d'autres choses,puisque nous avons que 24h par jour et que nous avons besoin du repos;nous avons donc besoin de faire des choix et sacrifices pour mieux atteindre nos objectifs
-Afin de doubler vos chances d'atteindre vos objectifs,prenez l'habitude de faire des sacrifices,prenez l'habitude de sacrifier temporairement ou à jamais les tâches inutiles

S57.Stratégies des héros défavorisés« Sacrifices pour réussir »

Nombreux sont les gens qui refusent de faire les moindres sacrifices pour obtenir ce qu'ils veulent ,les héros défavorises quant à eux s'engagent à faire preuve de beaucoup plus d'efforts de stratégies de forces psychologiques que les gens favorisés
-par conséquent pour persévérer,les héros défavorisés s'inspirent des autres héros défavorisés en-

-en faisant leur maximum d'efforts**(en faisant preuve de beaucoup plus de détermination que les gens favorisés)**

-en sacrifiant le gaspillage du temps **(en persévérant même là où les gens favorisés sont découragés)**

-en sacrifiant les tâches inutiles

-en faisant des sacrifices

-en sacrifiant les négativités**(en restant optimistes même là où les gens favorisés ont perdu tout espoir)**

-en se fixant des défis

-Etc.

Une des parties les plus intéressantes de ce livre

Pratiquez la gratitude,prenez l'habitude de remercier pour tout ce dont vous avez la chance d'avoir.Ne faites pas comme les gens qui souffrent à force de focaliser leur attention sur ce qu'ils n'ont pas,au lieu de concentrer leur attention sur tout ce dont ils ont la chance d'avoir,tout en cherchant à évoluer..

-Dés-hypnotisez votre cerveau des pensées qui diminuent votre estime de vous,des pensées,qui vous empêchent d'être fier de vous.

-Pour être heureux,ne laissez pas de places aux négativités

,hypnotisez votre corps,cœur,âme,esprit...avec des pensées qui vous rendent fier de vous!Soyez fier de vous

58.-Attitudes,Et Habitudes des héros et héroïnes défavorisés

-«travail sur soi,apprentissage

,Développement personnel »(«face aux obstacles,difficultés…)

Une des grandes différences entre les héros défavorisés et beaucoup de gens réside dans le fait que,les héros défavorisés croient au fait que presque tout peut s'apprendre,à la différence de beaucoup de gens qui croient qu'on ne peut pas apprendre les secrets de la réussite et du bonheur
En effet Aussi étonnant que cela puisse paraître,même aujourd'hui au 21 eme siècle,il y a encore des gens qui ne savent pas que presque tout s'apprend ;
-Plusieurs études neuroscientifiques ont prouvé à quel point il est possible d'apprendre et de changer grâce à la neuroplasticité du cerveau
-Si vous voulez augmenter vos chances de réaliser vos rêves,vous devez prendre l'habitude d'agir comme les héros défavorisés,vous devez prendre l'habitude de croire que presque tout s'apprend

S58.Stratégies des héros défavorisés pour pratiquer «travail sur soi,apprentissage,Développement personnel »face aux obstacles difficultés

-pour persévérer,les héros défavorisés s'inspirent des autres héros défavorisés en-

-en lisant des livres de développement personnel**(en faisant preuve de beaucoup plus de détermination que les gens favorisés)**

-en écoutant des conférences sur le développement personnel

-en passant à l'action **(en persévérant même là où les gens favorisés sont découragés)**

-en faisant du développement personnel,**(en restant optimistes même là où les gens favorisés ont perdu tout espoir)**

-en faisant du travail sur soi

-En pensant au fait que plus on fait les choses difficiles et positives plus on augmente chances d'obtenir ce qu'on veut

-Etc.

Une des parties les plus importantes de ce livre

Prenez l'habitude d'hypnotiser,vos organes internes et externes avec des pensées d'amour de soi,de valorisation de soi ,de respect de soi,soyez fier de vous sans pour autant inviter l'ego.

Face à la peur,rappelez-vous du fait que la plupart des choses dont nous craignons n'arrivent pas,la plupart de nos peurs sont inutiles.Restez fier de vous ,ne perdez pas confiance en vous,même si vous êtes paralysé par la peur

59.-Attitudes,Et Habitudes des héros et héroïnes défavorisés

-Effet cumulés»(face aux obstacles,difficultés...)

Contrairement aux gens qui sous-estiment la puissance des petits pas,les héros défavorisés ne sous-estiment jamais la puissance des effets cumulés,ils savent que les effets de plusieurs petites actions peuvent s'accumuler pour donner de résultats extraordinaires gigantesques
.Vous avez peut-être entendu parler du livre compound effect (effets cumulés),ce livre a changé la vie de beaucoup de gens;c'est un livre qui parle de l'importance de prendre en compte la puissance des effets cumulés la puissance de l'accumulation de petites actions,petits pas,petits résultats

-Afin d'augmenter vos chances d'obtenir ce que vous voulez de la vie,agissez comme les héros défavorisés,servez-vous de la puissance des effets cumulés

S59.Stratégies des héros défavorisés«Effets cumulés»

-pour persévérer,les héros défavorisés s'inspirent des autres héros défavorisés en

-en décidant de ne plus sous-estimer les petits pas**(en faisant preuve de beaucoup plus de détermination que les gens favorisés)**

-en faisant des petits et grands pas **(en persévérant même là où les gens favorisés sont découragés)**

-en visualisant la puissance des effets cumulés

-en profitant de la puissance des effets cumulés

-en agissant de manières qualitatives et quantitatives**(en restant optimistes même là où les gens favorisés ont perdu tout espoir)**

-En passant à l'action même pendant périodes difficiles.

-Etc.

Une des parties les plus importantes de ce livre

Pour augmenter vos chances d'attirer et ou de garder bonheur,réussite,amour,liberté financière…,prenez l'habitude de pratiquer la gratitude en remerciant pour tout ce dont vous avez la chance d'avoir au lieu de souffrir en pensant à ce que vous n'avez pas. !plus vous pratiquez la gratitude plus vous vous remplissez d'énergie vitale de confiance….

60.-Attitudes,Et Habitudes des héros et héroïnes défavorisés

-Pour éviter Paresse»face aux obstacles,difficultés…)

La paresse est probablement l'un des plus dangereux et terribles ennemis de la réussite et du bonheur

-Contrairement aux gens qui agissent avec paresse,les héros défavorisés ne se laissent jamais dominés par la paresse,ils savent que la paresse est l'un des pires ennemis de la réussite et du bonheur .
.Dès qu'ils sentent des moindres petites sensations de paresse,beaucoup de gens n'hésitent à s'arrêter à arrêter d'agir
-si vous voulez augmenter vos chances de réaliser vos rêves ,adoptez l'habitude des héros défavorisés,adoptez l'habitude qui consiste à ne jamais céder à la paresse,prenez l'habitude de faire ce qu'il faut pour atteindre des objectifs

S60.Stratégies des héros défavorisés«Pour éviter Paresse»

-pour persévérer,les héros défavorisés s'inspirent des autres héros défavorisés en

-en agissant de manières quantitatives et qualitatives**(en faisant preuve de beaucoup plus de détermination que les gens favorisés)**

-en chassant des sensations de paresse**(en persévérant même là où les gens favorisés sont découragés)**

-en s'éloignant des gens paresseux

-en éliminant les sensations de paresse**(en restant optimistes même là où les gens favorisés ont perdu tout espoir)**

-en agissant malgré les sensations de paresse

-En pensant au fait que l'impossible peut se transformer en positif
-Etc.

Une des parties les plus intéressantes de ce livre
-Vous avez déjà tout ce qu'il faut pour être fier de vous sans attendre d'obtenir quoi que ce soit,même si les critiques des autres ainsi que les conditionnements négatifs semblent vouloir vous convaincre du contraire
-Afin de vous sentir fier de vous même,pensez à toutes vos réussites,laissez-vous ancrer par les émotions véhiculées par cette petite méditation presque hypnotique.Soyez fier de vous toute suite afin de ne pas gâcher le moment présent

-Refusez le découragement,certains soucis contiennent des graines d'opportunités,réussites,bonheur...

61.-Attitudes,Et Habitudes des héros et héroïnes défavorisés

-Pour développer ou garder patience

Contrairement à ceux qui se découragent et perdent patience dès que le succès tarde à arriver,les héros défavorisés ne perdent pas patience,cela s'explique en partie par le fait que les héros défavorisés sont des gens qui se préparent d'avance,ce sont des gens qui prennent l'habitude de développer leur potentiel de patience,optimisme...
b.Ce qui empêche à beaucoup de gens d'atteindre leurs objectifs,c'est l'impatience,ils n'hésitent pas à abandonner leurs rêves dès que des gros résultats tardent à arriver

-si vous voulez atteindre vos objectifs,agissez comme les héros défavorisés,prenez l'habitude de développer votre potentiel de patience

S61.Stratégies des héros défavorisés«Pour développer ou garder patience »

-pour persévérer,les héros défavorisés s'inspirent des autres héros défavorisés en-

-en refusant le découragement**(en faisant preuve de beaucoup plus de détermination que les gens favorisés)**

-en chassant l'impatience **(en persévérant même là où les gens favorisés sont découragés)**

-en s'inspirant des gens patients

-en développant leur potentiel de patience

-en persévérant **(en restant optimistes même là où les gens favorisés ont perdu tout espoir)**

-en fréquentant des gens qui ont envie de développer une identité de quelqu'un qui a un mental fort

-etc.

62.-Attitudes,Et Habitudes des héros et héroïnes défavorisés

-Pour développer leur sens de persévérance

-un sage prospère a dit:les gens qui réussissent ont un point en commun la persévérance
-la persévérance est l'atout indispensable pour atteindre certains objectifs;grâce à la puissance de la persévérance,beaucoup de gens ordinaires ont réalisé de choses extraordinaires magnifiques ;
servez-vous de la puissance de la persévérance pour obtenir ce que vous voulez
b.La persévérance est l'un des secrets incontournables pour atteindre certains objectifs

-si vous voulez décupler vos chances d'obtenir ce que vous voulez,vous devez prendre l'habitude d'agir comme les héros défavorisés,vous devez prendre l'habitude de développer votre potentiel de persévérance,espoir ,optimisme…
-agissez sans attendre la perfection,agissez efficacement avec confiance gratitude**(en faisant preuve de beaucoup plus de détermination que les gens favorisés)**

S62.Stratégies des héros défavorisés«Pour développer leur sens de persévérance»
Alors que beaucoup de gens abandonnent leurs rêves dès qu'ils se trouvent en difficultés,les héros défavorisés s'engagent à agir avec beaucoup plus de forces mentales et de persévérance

-par conséquent pour persévérer,les héros défavorisés s'inspirent des autres héros défavorisés en-

-en s'inspirant des gens persévérants**(en persévérant même là où les gens favorisés sont découragés)**

-en lisant des livres traitant de la persévérance

-en écoutant des conférences,vidéos et podcast traitant du sujet de la persévérance

-en persévérant

-en développant leur potentiel de patience**(en restant optimistes même là où les gens favorisés ont perdu tout espoir)**

-en pensant au fait que plus on reste optimiste plus on augmente sa chance de réussir

-Etc.

Une des parties les plus importantes de ce livre

Apprenez à semer dans votre cerveau des croyances optimistes dynamisantes,libérez votre cerveau des émotions négatives comme la peur,la tristesse

.Apprenez à vous féliciter au quotidien.

PARTIE II

JOUR n°1

N°1.Exercice Pour Adopter Attitudes Et Habitudes Des héros Défavorisés Pour Augmenter Chance d'atteindre des objectifs»

-Entraînements Quotidiens-Mise En Pratique ,Pour Reconditionner Et Habituer,Cerveau… Aux Nouveaux Choix Conscients

Au Réveil-En Pleine Journée-En Après Midi-Le Soir,Répétez :

-pour mieux«**atteindre des objectifs**»,je choisis de modéliser **les attitudes et mental fort** des héros et héroïnes défavorisés

-pour mieux augmenter mes chances d'atteindre mes objectifs je m'engage à développer des forces mentales et psychologiques

-je choisis de m'inspirer du mental fort et stratégies des héros et héroïnes défavorisés

-je m'engage à m'inspirer des héros défavorisés

-je m'engage à faire ce qu'il faut **(en faisant preuve de beaucoup plus de détermination que les gens favorisés)**

-je m'engage à développer mon potentiel de patience de persévérance

-je décide de faire mon maximum d'effort

-je choisis de développer mon optimisme**(en persévérant même là où les gens favorisés sont découragés)**

-je m'engage à faire mon maximum d'effort pour mieux atteindre mes objectifs

-Je choisirai d'avancer malgré les obstacles pour mieux atteindre mes objectifs**(en restant optimiste même là où les gens favorisés ont perdu tout espoir)**

-je refuse de me décourager

-je refuse de perdre espoir

-Etc.

IMPORTANT:de préférence,répétez à haute voix.

-Répétez,faites ces entraînements pendant plusieurs jours(durées moyennes nécessaires pour avoir changements durables inconscients au niveau du subconscient -cerveau(plus de 60 jours de bonnes pratiques sans interruption)

-Rappels Importants :

a.Les héros défavorisés peuvent avoir des moments de faiblesse,de stress,de tristesse,...c'est pour ça qu'ils font des exercices quotidiens(consciemment ou inconsciemment)pour entretenir et développer leurs forces mentales

JOUR n°2

N°2..Exercice Pour Adopter Attitudes Et Habitudes Des héros Défavorisés Pour Augmenter Chance D'attirer Ou De Garder« bonheur »

-Entraînements Quotidiens-Mise En Pratique ,Pour Reconditionner Et Habituer,Cerveau... Aux Nouveaux Choix Conscients

Au Réveil-En Pleine Journée-En Après Midi-Le Soir,Répétez :

-Pour attirer ou garder le **bonheur**,je choisis de modéliser les héros défavorisés**(en faisant preuve de beaucoup plus de détermination que les gens favorisés)**

-je m'engage à faire preuve de beaucoup plus de forces mentales et psychologiques que les gens favorisés

-je décide d'être heureux,en m'inspirant des gens super heureux

-je choisis de me focaliser sur le positif**(en persévérant même là où les gens favorisés sont découragés)**

-je choisis de développer mon potentiel de gratitude

-je m'engage à faire des exercices de résilience **(en restant optimiste même là où les gens favorisés ont perdu tout espoir)**

-je choisis de m'inspirer du mental fort et stratégies des héros et héroïnes défavorisés

-Etc.

IMPORTANT:de préférence,répétez à haute voix.

-Répétez,faites ces entraînements pendant plusieurs jours(durées moyennes nécessaires pour avoir changements durables inconscients au niveau du subconscient -cerveau(plus de 60 jours de bonnes pratiques sans interruption)

JOUR n°3

N°3..Exercice Pour Adopter Attitudes Et Habitudes Des héros Défavorisés Pour Augmenter Chance de« créer ou garder Liberté Financière »

-Entraînements Quotidiens-Mise En Pratique ,Pour Reconditionner Et Habituer,Cerveau… Aux Nouveaux Choix Conscients

Au Réveil-En Pleine Journée-En Après Midi-Le Soir,Répétez :

-pour augmenter mes chances de «**mieux attirer ou garder la liberté financière**»je choisis de modéliser les attitudes des gens qui ont la liberté financière

-je choisis de m'inspirer du mental fort et stratégies des héros et héroïnes défavorisés

-je choisis de lire des livres traitant de la liberté financière**(en faisant preuve de beaucoup plus de détermination que les gens favorisés)**

-je m'engage à étudier les secrets de la liberté financière

-je fais le choix d'apprendre en observant les secrets de la liberté financière**(en persévérant même là où les gens favorisés sont découragés)**

-je choisis de m'inspirer des experts de la liberté financière

-je fais le choix d'apprendre à investir**(en restant optimiste même là où les gens favorisés ont perdu tout espoir)**

-je choisis de m'inspirer des gens inspirants

-je choisis d'apprendre à économiser

-etc.

IMPORTANT:de préférence,répétez à haute voix.

-Répétez,faites ces entraînements pendant plusieurs jours(durées moyennes nécessaires pour avoir changements durables inconscients au niveau du subconscient
-cerveau(plus de 60 jours de bonnes pratiques sans interruption)

-Rappels Importants :
a.Les héros défavorisés peuvent avoir des moments de faiblesse,de stress,de tristesse,...c'est pour ça qu'ils font des exercices quotidiens(consciemment ou inconsciemment)pour entretenir et développer leurs forces mentales

---

JOUR n°4

N°4.Exercice n°4 .Exercice Pour Adopter Attitudes Et Habitudes Des héros Défavorisés
«afin d'augmenter mes chances de«créer ou de garder succès»

-Entraînements Quotidiens-Mise En Pratique ,Pour Reconditionner Et Habituer,Cerveau... Aux Nouveaux Choix Conscients

---

Au Réveil-En Pleine Journée-En Après Midi-Le Soir,Répétez :

«afin d'augmenter mes chances **de«créer ou de garder succès»**je choisis de m'inspirer des attitudes des héros défavorisés

-je décide de m'inspirer du mental fort et stratégies des héros et héroïnes défavorisés

-je décide d'étudier les lois naturelles du succès**(en faisant preuve de beaucoup plus de détermination que les gens favorisés)**

-je choisis de m'inspirer des gens à succès **(en persévérant même là où les gens favorisés sont découragés)**

-je m'engage à adopter des habitudes des gens qui réussissent le plus

-je m'engage à adopter les attitudes des gens qui réussissent le plus

-je m'engage à persévérer malgré les difficultés

-je choisis d'avancer malgré les difficultés et challenge**(en restant optimiste même là où les gens favorisés ont perdu tout espoir)**

-je décide de ne jamais perdre espoir

-Etc.

IMPORTANT:de préference,répétez à haute voix.

-Répétez,faites ces entraînements pendant plusieurs jours(durées moyennes nécessaires pour avoir changements durables inconscients au niveau du subconscient -cerveau(plus de 60 jours de bonnes pratiques sans interruption)

JOUR n°5

N°5..Exercice Pour Adopter Attitudes Et Habitudes Des héros Défavorisés «afin d'augmenter chance de«créer ou garder l'amour »

-Entraînements Quotidiens-Mise En Pratique ,Pour Reconditionner Et Habituer,Cerveau… Aux Nouveaux Choix Conscients

Au Réveil-En Pleine Journée-En Après Midi-Le Soir,Répétez :

«afin d'augmenter chance de«créer ou garder l'amour »je choisis de modéliser des attitudes des héros défavorisés

-je choisis de m'inspirer du mental fort et stratégies des héros et héroïnes défavorisés

-Pour mieux créer ou garder l'amour je choisis de m'inspirer des héros défavorisés**(en faisant preuve de beaucoup plus de détermination que les gens favorisés)**

-je m'engage à étudier les secrets des relations heureuses

-je décide de lire des livres sur les relations,

-je choisis de développer mes qualités **(en persévérant même là où les gens favorisés sont découragés)**

-je ferai tout mon possible pour développer mon pouvoir d'attraction

-je n'oublierai jamais de prendre soin de mon physique

-je prendrai soin de mon look,**(en restant optimiste même là où les gens favorisés ont perdu tout espoir)**

-c'est décidé,je ne vais jamais perdre espoir

-je chercherai à connaître les vrais besoins et attentes des types des personnes dont je veux attirer ou garder

-Etc.

IMPORTANT:de préférence,répétez à haute voix.

-Répétez,faites ces entraînements pendant plusieurs jours(durées moyennes nécessaires pour avoir changements durables inconscients au niveau du subconscient -cerveau(plus de 60 jours de bonnes pratiques sans interruption)

-Rappels Importants :
a.Les héros défavorisés peuvent avoir des moments de faiblesse,de stress,de tristesse,...c'est pour ça qu'ils font des exercices quotidiens(consciemment ou inconsciemment)pour entretenir et développer leurs forces mentales

JOUR n°6

N°6..Exercice Pour Adopter Attitudes Et Habitudes Des héros Défavorisés Pour Augmenter Chance De «créer ou développer Bien -Être »

-Entraînements Quotidiens-Mise En Pratique ,Pour Reconditionner Et Habituer,Cerveau… Aux Nouveaux Choix Conscients

Au Réveil-En Pleine Journée-En Après Midi-Le Soir,Répétez :

Afin d'augmenter mes chances de mieux créer ou développer **bien-être,**je choisis de modéliser les attitudes des héros défavorisés

-je m'engage à lire des livres traitant du bien-être**(en faisant preuve de beaucoup plus de détermination que les gens favorisés)**

-je choisis de m'inspirer du mental fort et stratégies des héros et héroïnes défavorisés

-je décide de m'inspirer des experts de bien-être

-je consacrerai du temps à étudier le bien-être

-je ferai tout mon possible pour me sentir bien pour mon bien-être

-je m'engage à prendre soin de mon bien-être **(en persévérant même là où les gens favorisés sont découragés)**

-je mettrai mon bien-être dans la liste de mes priorités

-je pratiquerai la gratitude au quotidien**(en restant optimiste même là où les gens favorisés ont perdu tout espoir)**

-je ferai des exercices de méditation au quotidien,pour mieux attirer ou garder le bien-être

-Etc.

IMPORTANT:de préférence,répétez à haute voix.

-Répétez,faites ces entraînements pendant plusieurs jours(durées moyennes nécessaires pour avoir changements durables inconscients au niveau du subconscient -cerveau(plus de 60 jours de bonnes pratiques sans interruption)

JOUR n°7

N°7..Exercice Pour Adopter Attitudes Et Habitudes Des héros Défavorisés Pour Augmenter Chance De«mieux Gérer poids idéal santé-bien-être,énergie»

-Entraînements Quotidiens-Mise En Pratique ,Pour Reconditionner Et Habituer,Cerveau… Aux Nouveaux Choix Conscients

Au Réveil-En Pleine Journée-En Après Midi-Le Soir,Répétez :

-Pour augmenter mes chances de«mieux gérer poids santé-bien-être,énergie»je décide d'adopter des attitudes des héros défavorisés

-je m'engage à modéliser le mental fort et stratégies des héros et héroïnes défavorisés

-j'ai décidé de faire tout mon possible pour augmenter mes chances de mieux gérer « **poids idéal ,santé-bien-être,énergie »(en faisant preuve de beaucoup plus de détermination que les gens favorisés)**

-à partir d'aujourd'hui,je fournirai mon maximum d'effort pour augmenter mes chances de mieux attirer ou garder poids idéal,santé-bien-être,énergie»

-je m'engage à lire des livres traitant de poids idéal,santé bien-être,énergie**(en persévérant même là où les gens favorisés sont découragés)**

-je compte modéliser les habitudes des gens qui savent attirer ou garder énergie,bien-être…**(en restant optimiste même là où les gens favorisés ont perdu tout espoir)**

-je refuse de me décourager

-je dis:non au découragement»

-Etc.

IMPORTANT:de préférence,répétez à haute voix.

-Répétez,faites ces entraînements pendant plusieurs jours(durées moyennes nécessaires pour avoir changements durables inconscients au niveau du subconscient
-cerveau(plus de 60 jours de bonnes pratiques sans interruption)
-Rappels Importants :

a.Les héros défavorisés peuvent avoir des moments de faiblesse,de stress,de tristesse,...c'est pour ça qu'ils font des exercices quotidiens(consciemment ou inconsciemment)pour entretenir et développer leurs forces mentales

JOUR n°8

N°8..Exercice Pour Adopter Attitudes Et Habitudes Des héros Défavorisés « Pour Augmenter Mes Chances De«créer ou garder motivation»

-Entraînements Quotidiens-Mise En Pratique ,Pour Reconditionner Et Habituer,Cerveau... Aux Nouveaux Choix Conscients

Au Réveil-En Pleine Journée-En Après Midi-Le Soir,Répétez :

-« Pour augmenter mes chances de«créer ou garder motivation»je fais le choix de m'inspirer des héros défavorisés

-je choisis de m'inspirer du mental fort et stratégies des héros et héroïnes défavorisés

-je m'engage à faire ce qu'il faut pour augmenter mes chances de créer ou garder motivation

-je décide d'avancer malgré les difficultés**(en faisant preuve de beaucoup plus de détermination que les gens favorisés)**

-je refuse le découragement

-j'avancerai avec ou sans résultat positif**(en persévérant même là où les gens favorisés sont découragés)**

-je garderai la motivation,même si les résultats tardent à venir
-aussi étonnant et paradoxal que cela puisse paraître,je choisirai d'avancer malgré les difficultés**(en restant optimiste même là où les gens favorisés ont perdu tout espoir)**

-je choisis de penser aux conséquences positives qui arrivent aux gens qui font les bons choix

-je choisis de penser aux conséquences négatives toxiques qui arrivent aux gens qui font les mauvais choix

-je choisis de penser à tout ce qui me motive,ce qui me donne envie de bouger de passer à l'action de manières efficaces

-Etc.

IMPORTANT:de préférence,répétez à haute voix.

-Répétez,faites ces entraînements pendant plusieurs jours(durées moyennes nécessaires pour avoir changements durables inconscients au niveau du subconscient -cerveau(plus de 60 jours de bonnes pratiques sans interruption)

JOUR n°9

N°9..Exercice Pour Adopter Attitudes Et Habitudes Des héros Défavorisés «pour augmenter mes chances de«mieux développer ma confiance en soi»

-Entraînements Quotidiens-Mise En Pratique ,Pour Reconditionner Et Habituer,Cerveau… Aux Nouveaux Choix Conscients

Au Réveil-En Pleine Journée-En Après Midi-Le Soir,Répétez :

-Je m'inspirerai des héros défavorisés pour augmenter mes chances de mieux développer ma confiance en soi

-je décide de m'inspirer du mental fort et stratégies des héros et héroïnes défavorisés

-je ferai preuve de beaucoup plus de persévérance pour mieux développer ma confiance en soi**(en faisant preuve de beaucoup plus de détermination que les gens favorisés)**

-je choisirai de me focaliser sur mes points forts au lieu de me focaliser sur mes points faibles

-je consacrerai du temps à analyser presque tout ce dont je suis fier d'avoir réalisé**(en persévérant même là où les gens favorisés sont découragés)**

-je ferai des exercices au quotidien pour mieux développer ma confiance en soi**(en restant optimiste même là où les gens favorisés ont perdu tout espoir)**

-Etc.

IMPORTANT: de préférence,répétez à haute voix.

-Répétez,faites ces entraînements pendant plusieurs jours(durées moyennes nécessaires pour avoir changements durables inconscients au niveau du subconscient -cerveau(plus de 60 jours de bonnes pratiques sans interruption)

-Rappels Importants :
a.Les héros défavorisés peuvent avoir des moments de faiblesse,de stress,de tristesse,...c'est pour ça qu'ils font des exercices quotidiens(consciemment ou inconsciemment)pour entretenir et développer leurs forces mentales

JOUR n°10

N°10..Exercice Pour Adopter Attitudes Et Habitudes Des héros Défavorisés «Afin d'augmenter mes chances de«créer ou développer estime de soi»

-Entraînements Quotidiens-Mise En Pratique ,Pour Reconditionner Et Habituer,Cerveau... Aux Nouveaux Choix Conscients

Au Réveil-En Pleine Journée-En Après Midi-Le Soir,Répétez :

Je choisis de modéliser les habitudes des héros défavorisés«afin d'augmenter mes chances de«créer ou développer estime de soi»

-je choisis de m'inspirer du mental fort et stratégies des héros et héroïnes défavorisés

-je décide de faire tout mon possible pour développer mon estime de soi**(en faisant preuve de beaucoup plus de détermination que les gens favorisés)**

-je concentrerai mon attention sur mes points forts

-je développerai mon estime de soi **(en persévérant même là où les gens favorisés sont découragés)**

-je ferai des exercices au quotidien pour mieux gérer mon estime de soi**(en restant optimiste même là où les gens favorisés ont perdu tout espoir)**

-je refuse de perdre estime de soi même après échecs temporaires

-Etc.

IMPORTANT:de préférence,répétez à haute voix.

-Répétez,faites ces entraînements pendant plusieurs jours(durées moyennes nécessaires pour avoir changements durables inconscients au niveau du subconscient -cerveau(plus de 60 jours de bonnes pratiques sans interruption)

JOUR n°11

N°11.Exercice Pour Adopter Attitudes Et Habitudes Des héros Défavorisés «pour mieux créer ou développer autonomie,proactivité,sens de responsabilité,indépendance,liberté..»

-Entraînements Quotidiens-Mise En Pratique ,Pour Reconditionner Et Habituer,Cerveau… Aux Nouveaux Choix Conscients

Au Réveil-En Pleine Journée-En Après Midi-Le Soir,Répétez :

-pour mieux créer ou développer autonomie, proactivité,sens de responsabilité,indépendance, liberté..»je choisis de m'inspirer des héros défavorisés

-je m'engage à modéliser le mental fort et stratégies des héros et héroïnes défavorisés

-je décide d'étudier le développement personnel

-je choisirai d'avancer malgré les difficultés**(en faisant preuve de beaucoup plus de détermination que les gens favorisés)**

-je refuserai le découragement même pendant les périodes difficiles **(en persévérant même là où les gens favorisés sont découragés)**

-je développerai mon potentiel de proactivité

-je choisis de faire tout mon possible pour mieux gérer ou développer mon autonomie,ma liberté..**(en restant optimiste même là où les gens favorisés ont perdu tout espoir)**

-Etc

IMPORTANT:de préférence,répétez à haute voix.

-Répétez,faites ces entraînements pendant plusieurs jours(durées moyennes nécessaires pour avoir changements durables inconscients au niveau du subconscient -cerveau(plus de 60 jours de bonnes pratiques sans interruption)

-Rappels Importants :
a.Les héros défavorisés peuvent avoir des moments de faiblesse,de stress,de tristesse,...c'est pour ça qu'ils font des exercices quotidiens(consciemment ou inconsciemment)pour entretenir et développer leurs forces mentales

JOUR n°12

N°12.Exercice Pour Adopter Attitudes Et Habitudes Des héros Défavorisés «afin de créer ou garder un sens de distractions et amusements positifs modérés»

-Entraînements Quotidiens-Mise En Pratique ,Pour Reconditionner Et Habituer,Cerveau... Aux Nouveaux Choix Conscients

Au Réveil-En Pleine Journée-En Après Midi-Le Soir,Répétez :

«afin de créer ou garder un sens de distractions et amusements positifs modérés»je choisis de m'inspirer des héros défavorisés

-je choisis de m'inspirer du mental fort et stratégies des héros et héroïnes défavorisés

-Pour éviter burn-out,je décide de ne jamais négliger le temps d'amusement temporaire

-je décide d'avoir une période de travail et une période de repos**(en faisant preuve de beaucoup plus de détermination que les gens favorisés)**

-je décide de prendre soin de moi **(en persévérant même là où les gens favorisés sont découragés)**

-je décide de prendre une pause

____

-je m'engage à lire des livres traitant de burn-out,productivité..**(en restant optimiste même là où les gens favorisés ont perdu tout espoir)**

-Etc.

IMPORTANT:de préférence,répétez à haute voix.

-Répétez,faites ces entraînements pendant plusieurs jours(durées moyennes nécessaires pour avoir changements durables inconscients au niveau du subconscient -cerveau(plus de 60 jours de bonnes pratiques sans interruption)

JOUR n°13

N°13.Exercice Pour Adopter Attitudes Et Habitudes Des héros Défavorisés «pour mieux agir avec un sens de prise de conscience, spiritualité,»

-Entraînements Quotidiens-Mise En Pratique ,Pour Reconditionner Et Habituer,Cerveau… Aux Nouveaux Choix Conscients

Au Réveil-En Pleine Journée-En Après Midi-Le Soir,Répétez :

-«pour mieux agir avec un sens de prise de conscience,spiritualité,»je choisis de m'inspirer des héros défavorisés

-je décide de m'inspirer du mental fort et stratégies des héros et héroïnes défavorisés

-je choisirai de développer mon niveau de prise de conscience**(en faisant preuve de beaucoup plus de détermination que les gens favorisés)**

-je décide de cultiver mon niveau de prise de conscience et de spiritualité **(en persévérant même là où les gens favorisés sont découragés)**

-je m'engage à lire des livres traitant de prise de conscience et spiritualité

-j'écouterai des conférences traitant de prise de conscience et spiritualité **(en restant optimiste même là où les gens favorisés ont perdu tout espoir)**

-etc.

IMPORTANT:de préférence,répétez à haute voix.

-Répétez,faites ces entraînements pendant plusieurs jours(durées moyennes nécessaires pour avoir changements durables inconscients au niveau du subconscient -cerveau(plus de 60 jours de bonnes pratiques sans interruption)

-Rappels Importants :
a.Les héros défavorisés peuvent avoir des moments de faiblesse,de stress,de tristesse,...c'est pour ça qu'ils font des exercices quotidiens(consciemment ou inconsciemment)pour entretenir et développer leurs forces mentales

JOUR n°14

N°14.Exercice Pour Adopter Attitudes Et Habitudes Des héros Défavorisés «pour développer un grand potentiel de Courage»

-Entraînements Quotidiens-Mise En Pratique

,Pour Reconditionner Et Habituer,Cerveau… Aux Nouveaux Choix Conscients

Au Réveil-En Pleine Journée-En Après Midi-Le Soir,Répétez :

«pour développer un grand potentiel de Courage»je choisis de modéliser les attitudes des héros défavorisés

-je m'engage à modéliser le mental fort et stratégies des héros et héroïnes défavorisés

-Si nécessaire,je choisirai d'avancer malgré les peurs**(en faisant preuve de beaucoup plus de détermination que les gens favorisés)**

-je ferai le choix d'avancer malgré le stress**(en persévérant même là où les gens favorisés sont découragés)**

-j'aurais le courage d'avancer malgré les obstacles**(en restant optimiste même là où les gens favorisés ont perdu tout espoir)**

-je me donnerai le courage d'avancer malgré les obstacles

-Etc.

IMPORTANT:de préférence,répétez à haute voix.

-Répétez,faites ces entraînements pendant plusieurs jours(durées moyennes nécessaires pour avoir changements durables inconscients au niveau du subconscient -cerveau(plus de 60 jours de bonnes pratiques sans interruption)

JOUR n°15

N°15.Exercice Pour Adopter Attitudes Et Habitudes Des héros Défavorisés «pour développer la Discipline»face aux obstacles,et difficultés

-Entraînements Quotidiens-Mise En Pratique ,Pour Reconditionner Et Habituer,Cerveau… Aux Nouveaux Choix Conscients

Au Réveil-En Pleine Journée-En Après Midi-Le Soir,Répétez :

«pour développer la Discipline»face aux obstacles,et difficultés,je choisis de modéliser les habitudes et stratégies des héros défavorisés

-je m'engage à adopter des habitudes des héros défavorisés pour développer de la discipline**(en faisant preuve de beaucoup plus de détermination que les gens favorisés)**

-je m'engage à faire ce qu'il faut pour être beaucoup plus discipliné**(en restant optimiste même là où les gens favorisés ont perdu tout espoir)**

-je décide de m'inspirer du mental fort et stratégies des héros et héroïnes défavorisés

-je choisis de développer l'autodiscipline**(en persévérant même là où les gens favorisés sont découragés)**

-je sais que la vraie discipline consiste à faire ce qu'il faut quand il le faut faire lorsqu'on a envie de le faire ou pas

-je m'engage à lire des livres traitant du sujet en question

-etc.

IMPORTANT:de préférence,répétez à haute voix.

-Répétez,faites ces entraînements pendant plusieurs jours(durées moyennes nécessaires pour avoir changements durables inconscients au niveau du subconscient -cerveau(plus de 60 jours de bonnes pratiques sans interruption)

-Rappels Importants :
a.Les héros défavorisés peuvent avoir des moments de faiblesse,de stress,de tristesse,...c'est pour ça qu'ils font des exercices quotidiens(consciemment ou inconsciemment)pour entretenir et développer leurs forces mentales

JOUR n°16

N°16..Exercice Pour Adopter Attitudes Et Habitudes Des héros Défavorisés «pour faire preuve de beaucoup plus d'efforts,astuces ,stratégies »

-Entraînements Quotidiens-Mise En Pratique

,Pour Reconditionner Et Habituer,Cerveau… Aux Nouveaux Choix Conscients

Au Réveil-En Pleine Journée-En Après Midi-Le Soir,Répétez :

«pour faire preuve de beaucoup plus d' efforts,astuces,stratégies »je décide de m'inspirer du mental fort des héros défavorisés

-je choisis de m'inspirer du mental fort et stratégies des héros et héroïnes défavorisés

-je décide d'agir avec mon maximum d'efforts pour mieux attirer ou garder ce que je veux**(en faisant preuve de beaucoup plus de détermination que les gens favorisés)**

-je choisis d'avancer malgré l'inconfort**(en persévérant même là où les gens favorisés sont découragés)**

-je sais que les difficultés,échecs et soucis peuvent se transformer en avantages

-je choisis de rester persévérant**(en restant optimiste même là où les gens favorisés ont perdu tout espoir)**

-etc.

IMPORTANT:de préférence,répétez à haute voix.

-Répétez,faites ces entraînements pendant plusieurs jours(durées moyennes nécessaires pour avoir changements durables inconscients au niveau du subconscient -cerveau(plus de 60 jours de bonnes pratiques sans interruption)

JOUR n°17

N°17.Exercice Pour Adopter Attitudes Et Habitudes Des héros Défavorisés «pour mieux gérer la victimisation inconsciente négative »

-Entraînements Quotidiens-Mise En Pratique ,Pour Reconditionner Et Habituer,Cerveau… Aux Nouveaux Choix Conscients

Au Réveil-En Pleine Journée-En Après Midi-Le Soir,Répétez :

«afin de mieux gérer la victimisation inconsciente négative»je choisis de m'inspirer des héros défavorisés

-je m'engage à modéliser le mental fort et stratégies des héros et héroïnes défavorisés

-je décide de ne plus être le jouet de la petite voix intérieure négative pessimiste**(en faisant preuve de beaucoup plus de détermination que les gens favorisés)**

-je sais faire la différence entre vraies victimes et fausses victimes

-je refuse de devenir accro à la victimisation volontaire **(en persévérant même là où les gens favorisés sont découragés)**

-je choisis de me focaliser sur mes points forts sans oublier mes points faibles**(en restant optimiste même là où les gens favorisés ont perdu tout espoir)**

-etc.

IMPORTANT:de préference,répétez à haute voix.

-Répétez,faites ces entraînements pendant plusieurs jours(durées moyennes nécessaires pour avoir changements durables inconscients au niveau du subconscient
-cerveau(plus de 60 jours de bonnes pratiques sans interruption)
-Rappels Importants :

a.Les héros défavorisés peuvent avoir des moments de faiblesse,de stress,de tristesse,...c'est pour ça qu'ils font des exercices quotidiens(consciemment ou inconsciemment)pour entretenir et développer leurs forces mentales

JOUR n°18

18.

N°18.Exercice Pour Adopter Attitudes Et Habitudes Des héros Défavorisés « Pour Augmenter Chance De Mieux Résoudre un problème un challenge»

-Entraînements Quotidiens-Mise En Pratique ,Pour Reconditionner Et Habituer,Cerveau… Aux Nouveaux Choix Conscients

Au Réveil-En Pleine Journée-En Après Midi-Le Soir,Répétez :

« Pour Augmenter Chance De Mieux Résoudre un problème un challenge»je décide de m'inspirer des héros défavorisés

-je choisis,de m'inspirer du mental fort et stratégies des héros et héroïnes défavorisés

-je décide de faire ce qu'il faut pour mieux résoudre problème,challenge,souci**(en faisant preuve de beaucoup plus de détermination que les gens favorisés)**

-je refuserai le désespoir

-je choisis de cultiver mon optimisme

-je sortirai de ma zone de confort **(en persévérant même là où les gens favorisés sont découragés)**

-je prendrai l'habitude de faire des actions inconfortables pour mieux résoudre problème soucis,défi ...**(en restant optimiste même là où les gens favorisés ont perdu tout espoir)**

-je m'inspirerai des gens qui ont réussi à résoudre les mêmes types de problèmes

-Etc.

IMPORTANT:de préference,répétez à haute voix.

-Répétez,faites ces entraînements pendant plusieurs jours(durées moyennes nécessaires pour avoir changements durables inconscients au niveau du subconscient -cerveau(plus de 60 jours de bonnes pratiques sans interruption)

JOUR n°19

N°.Exercice Pour Adopter Attitudes Et Habitudes Des héros Défavorisés«pour mieux gérer injustice extrême…»

-Entraînements Quotidiens-Mise En Pratique ,Pour Reconditionner Et Habituer,Cerveau… Aux Nouveaux Choix Conscients

Au Réveil-En Pleine Journée-En Après Midi-Le Soir,Répétez :

«pour mieux gérer injustice extrême…»j'adopterai des attitudes des héros défavorisés

-je décide de m'inspirer du mental fort et stratégies des héros et héroïnes défavorisés

-je garderai espoir même dans les situations compliquées**(en faisant preuve de beaucoup plus de détermination que les gens favorisés)**

-je choisirai l'optimisme et non pas le pessimisme

-je m'entourerai des gens optimistes **(en persévérant même là où les gens favorisés sont découragés)**

-je choisirai de rester optimiste**(en restant optimiste même là où les gens favorisés ont perdu tout espoir)**

-je choisirai de m'inspirer des gens qui ont pu résoudre des problèmes similaires

-etc.

IMPORTANT:de préférence,répétez à haute voix.

-Répétez,faites ces entraînements pendant plusieurs jours(durées moyennes nécessaires pour avoir changements durables inconscients au niveau du subconscient -cerveau(plus de 60 jours de bonnes pratiques sans interruption)

-Rappels Importants :
a.Les héros défavorisés peuvent avoir des moments de faiblesse,de stress,de tristesse,...c'est pour ça qu'ils font des exercices quotidiens(consciemment ou inconsciemment)pour entretenir et développer leurs forces mentales

JOUR n°20

N°.Exercice Pour Adopter Attitudes Et Habitudes Des héros Défavorisés«pour mieux gérer discrimination extrême...»

-Entraînements Quotidiens-Mise En Pratique ,Pour Reconditionner Et Habituer,Cerveau… Aux Nouveaux Choix Conscients

Au Réveil-En Pleine Journée-En Après Midi-Le Soir,Répétez :

«pour mieux gérer discrimination extrême...» je choisis de m'inspirer des héros défavorisés

-je m'engage à modéliser le mental fort et stratégies des héros et héroïnes défavorisés

-je choisirai d'avancer avec ou sans discrimination extrême**(en faisant preuve de beaucoup plus de détermination que les gens favorisés)**

-je garderai espoir même face à la discrimination extrême

-je choisis de m'inspirer de ceux qui ont pu s'en sortir face à discrimination extrême**(en persévérant même là où les gens favorisés sont découragés)**

-je refuse de perdre espoir **(en restant optimiste même là où les gens favorisés ont perdu tout espoir)**

-etc.

IMPORTANT:de préférence,répétez à haute voix.

-Répétez,faites ces entraînements pendant plusieurs jours(durées moyennes nécessaires pour avoir changements durables inconscients au niveau du subconscient -cerveau(plus de 60 jours de bonnes pratiques sans interruption)

JOUR n°21

N°21.Exercice Pour Adopter Attitudes Et Habitudes Des héros Défavorisés «pour mieux gérer échecs temporaires,difficultés...»

-Entraînements Quotidiens-Mise En Pratique ,Pour Reconditionner Et Habituer,Cerveau... Aux Nouveaux Choix Conscients

Au Réveil-En Pleine Journée-En Après Midi-Le Soir,Répétez :

«pour mieux gérer échecs temporaires, difficultés...»je choisis de modéliser les habitudes des héros défavorisés

-je choisis de m'inspirer du mental fort et stratégies des héros et héroïnes défavorisés

-je décide d'avancer malgré les obstacles**(en faisant preuve de beaucoup plus de détermination que les gens favorisés)**

-je sais que les difficultés,échecs et soucis peuvent se transformer en avantages,opportunités

-je choisirai de transformer les échecs temporaires en opportunités**(en persévérant même là où les gens favorisés sont découragés)**

-je sais que certains échecs sont là pour préparer l'arrivée de mon bonheur**(je resterai optimiste même là où les gens favorisés ont perdu tout espoir)**

-etc.

IMPORTANT:de préférence,répétez à haute voix.

-Répétez,faites ces entraînements pendant plusieurs jours(durées moyennes nécessaires pour avoir changements durables inconscients au niveau du subconscient -cerveau(plus de 60 jours de bonnes pratiques sans interruption)

-Rappels Importants :

a.Les héros défavorisés peuvent avoir des moments de faiblesse,de stress,de tristesse,...c'est pour ça qu'ils font des exercices quotidiens(consciemment ou inconsciemment)pour entretenir et développer leurs forces mentales

JOUR n°22

N°22.Exercice Pour Adopter Attitudes Et Habitudes Des héros Défavorisés«pour mieux gérer refus,imprévus….»

-Entraînements Quotidiens-Mise En Pratique ,Pour Reconditionner Et Habituer,Cerveau… Aux Nouveaux Choix Conscients

Au Réveil-En Pleine Journée-En Après Midi-Le Soir,Répétez :

«pour mieux gérer refus,imprévus….»je choisis de m'inspirer des héros défavorisés

-je décide de m'inspirer du mental fort et stratégies des héros et héroïnes défavorisés

-je décide de transformer les refus en opportunités**(en faisant preuve de beaucoup plus de détermination que les gens favorisés)**

-je choisis de considérer les refus comme opportunités pour apprendre à grandir et avancer**(en persévérant même là où les gens favorisés sont découragés)**

-je dis non au découragement**(en restant optimiste même là où les gens favorisés ont perdu tout espoir)**

-je m'engage à faire mon maximum d'effort pour mieux gérer refus,imprévus..

-etc.

IMPORTANT:de préférence,répétez à haute voix.

-Répétez,faites ces entraînements pendant plusieurs jours(durées moyennes nécessaires pour avoir changements durables inconscients au niveau du subconscient -cerveau(plus de 60 jours de bonnes pratiques sans interruption)

JOUR n°23

N°23.Exercice Pour Adopter Attitudes Et Habitudes Des héros Défavorisés«pour mieux gérer les rejets temporaires...»

-Entraînements Quotidiens-Mise En Pratique ,Pour Reconditionner Et Habituer,Cerveau... Aux Nouveaux Choix Conscients

Au Réveil-En Pleine Journée-En Après Midi-Le Soir,Répétez :

«pour mieux gérer les rejets temporaires...»je choisis d'adopter les habitudes des héros défavorisés

-je choisis de m'inspirer du mental fort et stratégies des héros et héroïnes défavorisés

-je ferai tout ce qui est humainement possible,pour mieux gérer les rejets temporaires **(en persévérant même là où les gens favorisés sont découragés)**

-je n'ai pas peur des rejets

-je sais que la plupart des rejets sont temporaires

-je sais que certains rejets sont des opportunités

-je choisis de transformer les rejets en avantages,opportunités..**(en faisant preuve de beaucoup plus de détermination que les gens favorisés)**

-en restant optimiste même là où les gens favorisés ont perdu tout espoir

-etc.

IMPORTANT:de préférence,répétez à haute voix.

-Répétez,faites ces entraînements pendant plusieurs jours(durées moyennes nécessaires pour avoir changements durables inconscients au niveau du subconscient -cerveau(plus de 60 jours de bonnes pratiques sans interruption)

-Rappels Importants :

a.Les héros défavorisés peuvent avoir des moments de faiblesse,de stress,de tristesse,...c'est pour ça qu'ils font des exercices quotidiens(consciemment ou inconsciemment)pour entretenir et développer leurs forces mentales

JOUR n°24

N°24.Exercice Pour Adopter Attitudes Et Habitudes Des héros Défavorisés«pour avancer malgré l'inconfort temporaire..»

-Entraînements Quotidiens-Mise En Pratique ,Pour Reconditionner Et Habituer,Cerveau… Aux Nouveaux Choix Conscients

Au Réveil-En Pleine Journée-En Après Midi-Le Soir,Répétez :

«pour avancer malgré l'inconfort temporaire..»j'ai décidé de m'inspirer des héros défavorisés

-je m'engage à modéliser le mental fort et stratégies des héros et héroïnes défavorisés

-j'ai décidé de rester optimiste**(en faisant preuve de beaucoup plus de détermination que les gens favorisés)**

-j'ai refusé le pessimisme

-j'ai choisis d'avancer malgré l'inconfort temporaire **(en persévérant même là où les gens favorisés sont découragés)**

-j'ai choisis de garder espoir**(en restant optimiste même là où les gens favorisés ont perdu tout espoir)**

-j'ai refusé le découragement

-etc.

IMPORTANT:de préférence,répétez à haute voix.

-Répétez,faites ces entraînements pendant plusieurs jours(durées moyennes nécessaires pour avoir changements durables inconscients au niveau du subconscient -cerveau(plus de 60 jours de bonnes pratiques sans interruption)

JOUR n°25

N°25.Exercice Pour Adopter Attitudes Et Habitudes Des héros Défavorisés«pour mieux gérer changement imprévu…»

-Entraînements Quotidiens-Mise En Pratique ,Pour Reconditionner Et Habituer,Cerveau… Aux Nouveaux Choix Conscients

Au Réveil-En Pleine Journée-En Après Midi-Le Soir,Répétez :

«pour mieux gérer changement imprévu…»je choisis de modéliser les attitudes des héros défavorisés

-je choisis de m'inspirer du mental fort et stratégies des héros et héroïnes défavorisés

-je choisis d'avancer malgré les changements imprévus**(en faisant preuve de beaucoup plus de détermination que les gens favorisés)**

-je décide de ne plus avoir peur des changements imprévus

-je sais que certaines opportunités se trouvent à l'intérieur des changements imprévus

-je m'engage à transformer les changements imprévus en opportunités**(en persévérant même là où les gens favorisés sont découragés)**

-je m'engage à développer mes forces mentales et psychologiques..**(en restant optimiste même là où les gens favorisés ont perdu tout espoir)**
-etc.

IMPORTANT:de préférence,répétez à haute voix.

-Répétez,faites ces entraînements pendant plusieurs jours(durées moyennes nécessaires pour avoir changements durables inconscients au niveau du subconscient
-cerveau(plus de 60 jours de bonnes pratiques sans interruption)

-Rappels Importants :

a.Les héros défavorisés peuvent avoir des moments de faiblesse,de stress,de tristesse,...c'est pour ça qu'ils font des exercices quotidiens(consciemment ou inconsciemment)pour entretenir et développer leurs forces mentales

JOUR n°26

N°26.Exercice Pour Adopter Attitudes Et Habitudes Des héros Défavorisés «pour mieux gérer critiques des autres»

-Entraînements Quotidiens-Mise En Pratique ,Pour Reconditionner Et Habituer,Cerveau… Aux Nouveaux Choix Conscients

Au Réveil-En Pleine Journée-En Après Midi-Le Soir,Répétez :

«pour mieux gérer critiques des autres»je choisis de m'inspirer des héros défavorisés

-je décide de m'inspirer du mental fort et stratégies des héros et héroïnes défavorisés

-je décide de faire ce qu'il faut pour mieux gérer les critiques des autres**(en faisant preuve de beaucoup plus de détermination que les gens favorisés)**

-je sais que certaines critiques sont des opportunités

-je sais que les critiques peuvent se transformer en avantages

-je ferai tout mon possible pour transformer les critiques en opportunités**(en persévérant même là où les gens favorisés sont découragés)**

(en restant optimiste même là où les gens favorisés ont perdu tout espoir)

-etc.

IMPORTANT:de préférence,répétez à haute voix.

-Répétez,faites ces entraînements pendant plusieurs jours(durées moyennes nécessaires pour avoir changements durables inconscients au niveau du subconscient -cerveau(plus de 60 jours de bonnes pratiques sans interruption)

JOUR n°27

N°27.Exercice Pour Adopter Attitudes Et Habitudes Des héros Défavorisés «pour mieux gérer situations difficiles,challenges,moments difficiles »

-Entraînements Quotidiens-Mise En Pratique ,Pour Reconditionner Et Habituer,Cerveau… Aux Nouveaux Choix Conscients

Au Réveil-En Pleine Journée-En Après Midi-Le Soir,Répétez :

«pour mieux gérer situations difficiles, challenges,moments difficiles »je choisis d'adopter les attitudes des héros défavorisés

-je décide d'avancer malgré les obstacles et difficultés**(en faisant preuve de beaucoup plus de détermination que les gens favorisés)**

-je m'engage à modéliser le mental fort et stratégies des héros et héroïnes défavorisés

-je décide de modéliser des attitudes des héros défavorisés pour mieux gérer situations difficiles,challenges,moments difficiles

-je décide de ne pas être traumatisé par les moments difficiles **(en persévérant même là où les gens favorisés sont découragés)**

-je ferai tout mon possible pour ne pas être hypnotisé par les situations difficiles**(en restant optimiste même là où les gens favorisés ont perdu tout espoir)**

-je refuse d'être esclave de la peur

etc.

IMPORTANT:de préférence,répétez à haute voix.

-Répétez,faites ces entraînements pendant plusieurs jours(durées moyennes nécessaires pour avoir changements durables inconscients au niveau du subconscient -cerveau(plus de 60 jours de bonnes pratiques sans interruption)

-Rappels Importants :

a.Les héros défavorisés peuvent avoir des moments de faiblesse,de stress,de tristesse,...c'est pour ça qu'ils font des exercices quotidiens(consciemment ou inconsciemment)pour entretenir et développer leurs forces mentales

JOUR n°28

N°28.Exercice Pour Adopter Attitudes Et Habitudes Des héros Défavorisés «pour mieux gérer les déceptions»

-Entraînements Quotidiens-Mise En Pratique ,Pour Reconditionner Et Habituer,Cerveau… Aux Nouveaux Choix Conscients

Au Réveil-En Pleine Journée-En Après Midi-Le Soir,Répétez :
«pour mieux gérer les déceptions»je choisis de modéliser des attitudes des héros défavorisés

-je décide de m'inspirer du mental fort et stratégies des héros et héroïnes défavorisés

-je décide de ne jamais être traumatisé par les déceptions

-je m'engage à avancer malgré les obstacles**(en faisant preuve de beaucoup plus de détermination que les gens favorisés)**

-je sais que certaines déceptions sont des opportunités

-je ferai tout mon possible pour transformer les déceptions en opportunités**(en restant optimiste même là où les gens favorisés ont perdu tout espoir)**

-je refuse le pessimisme**(en persévérant même là où les gens favorisés sont découragés)**
-etc.

IMPORTANT:de préférence,répétez à haute voix.

-Répétez,faites ces entraînements pendant plusieurs jours(durées moyennes nécessaires pour avoir changements durables inconscients au niveau du subconscient -cerveau(plus de 60 jours de bonnes pratiques sans interruption)

JOUR n°29

N°29.Exercice Pour Adopter Attitudes Et Habitudes Des héros Défavorisés «pour mieux gérer les petits soucis»

-Entraînements Quotidiens-Mise En Pratique ,Pour Reconditionner Et Habituer,Cerveau... Aux Nouveaux Choix Conscients

Au Réveil-En Pleine Journée-En Après Midi-Le Soir,Répétez :
«pour mieux gérer les petits soucis»je choisis de m'inspirer des héros défavorisés

-je choisis de m'inspirer du mental fort et stratégies des héros et héroïnes défavorisés

-je décide de garder espoir**(en faisant preuve de beaucoup plus de détermination que les gens favorisés)**

-je ferai tout mon possible pour transformer les petits soucis en opportunités

-je refuse de me laisser malmener par la peur des soucis

-je refuse d'être esclave de la peur des soucis**(en restant optimiste même là où les gens favorisés ont perdu tout espoir)**

-je m'engage à développer mes forces mentales et psychologiques pour faire face aux soucis **(en persévérant même là où les gens favorisés sont découragés)**

-etc.

IMPORTANT:de préférence,répétez à haute voix.

-Répétez,faites ces entraînements pendant plusieurs jours(durées moyennes nécessaires pour avoir changements durables inconscients au niveau du subconscient -cerveau(plus de 60 jours de bonnes pratiques sans interruption)

-Rappels Importants :
a.Les héros défavorisés peuvent avoir des moments de faiblesse,de stress,de tristesse,...c'est pour ça qu'ils font des exercices quotidiens(consciemment ou inconsciemment)pour entretenir et développer leurs forces mentales

JOUR n°30

N°30.Exercice Pour Adopter Attitudes Et Habitudes Des héros Défavorisés«pour mieux gérer maladies,grosses galères imprévues..»

-Entraînements Quotidiens-Mise En Pratique

**,Pour Reconditionner Et Habituer,Cerveau…
Aux Nouveaux Choix Conscients**

**Au Réveil-En Pleine Journée-En Après Midi-
Le Soir,Répétez :**

«pour mieux gérer maladies,grosses galères imprévues..»je choisis de modéliser des héros défavorisés

-je m'engage à modéliser le mental fort et stratégies des héros et héroïnes défavorisés

-je déciderai de garder espoir même face aux grosses galères**(en faisant preuve de beaucoup plus de détermination que les gens favorisés)**

-je choisirai de garder espoir même dans les situations compliquées

-je sais que certaines galères peuvent se transformer en opportunités,avantages**(en restant optimiste même là où les gens favorisés ont perdu tout espoir)**

-je choisirai de tirer des leçons de vie à travers les grosses galères**(en persévérant même là où les gens favorisés sont découragés)**

-etc.

IMPORTANT:de préference,répétez à haute voix.

-Répétez,faites ces entraînements pendant plusieurs jours(durées moyennes nécessaires pour avoir changements durables inconscients au niveau du subconscient -cerveau(plus de 60 jours de bonnes pratiques sans interruption)

JOUR n°31

N°31.Exercice Pour Adopter Attitudes Et Habitudes Des héros Défavorisés«pour mieux gérer les trahisons»

-Entraînements Quotidiens-Mise En Pratique ,Pour Reconditionner Et Habituer,Cerveau… Aux Nouveaux Choix Conscients

Au Réveil-En Pleine Journée-En Après Midi-Le Soir,Répétez :

«pour mieux gérer les trahisons»je choisis d'adopter les attitudes des héros défavorisés

-je choisis de m'inspirer du mental fort et stratégies des héros et héroïnes défavorisés

-je décide de tirer des leçons à travers les trahisons**(en faisant preuve de beaucoup plus de détermination que les gens favorisés)**

-je refuserai de mettre tout le monde dans le même bateau,même après les pires trahisons **(en persévérant même là où les gens favorisés sont découragés)**

-je choisis de transformer les trahisons en opportunités**(en restant optimiste même là où les gens favorisés ont perdu tout espoir)**

-je choisis de m'éloigner des traîtres sans pour autant mettre tout le monde dans le même panier

-etc.

IMPORTANT:de préférence,répétez à haute voix.

-Répétez,faites ces entraînements pendant plusieurs jours(durées moyennes nécessaires pour avoir changements durables inconscients au niveau du subconscient -cerveau(plus de 60 jours de bonnes pratiques sans interruption)

-Rappels Importants :

a.Les héros défavorisés peuvent avoir des moments de faiblesse,de stress,de tristesse,...c'est pour ça qu'ils font des exercices quotidiens(consciemment ou inconsciemment)pour entretenir et développer leurs forces mentales

JOUR n°32

N°32.Exercice Pour Adopter Attitudes Et Habitudes Des héros Défavorisés« pour mieux vaincre le stress »

-Entraînements Quotidiens-Mise En Pratique ,Pour Reconditionner Et Habituer,Cerveau... Aux Nouveaux Choix Conscients

Au Réveil-En Pleine Journée-En Après Midi-Le Soir,Répétez :

« pour mieux vaincre le stress »je décide de m'inspirer des attitudes des héros défavorisés

-je choisis de m'inspirer du mental fort et stratégies des héros et héroïnes défavorisés

-je décide de me focaliser sur du positif**(en persévérant même là où les gens favorisés sont découragés)**

-je m'engage à lire des livres traitant de gestion de stress

-je choisis de ne pas exagérer les choses**(en faisant preuve de beaucoup plus de détermination que les gens favorisés)**

-je choisis de ne pas être dominé par le stress**(en restant optimiste même là où les gens favorisés ont perdu tout espoir)**

-je choisis de faire des activités sportives

-etc.

IMPORTANT:de préférence,répétez à haute voix.

-Répétez,faites ces entraînements pendant plusieurs jours(durées moyennes nécessaires pour avoir changements durables inconscients au niveau du subconscient
-cerveau(plus de 60 jours de bonnes pratiques sans interruption)

JOUR n°33

N°33.Exercice Pour Adopter Attitudes Et Habitudes Des héros Défavorisés«pour mieux vaincre la peur»

-Entraînements Quotidiens-Mise En Pratique ,Pour Reconditionner Et Habituer,Cerveau… Aux Nouveaux Choix Conscients

Au Réveil-En Pleine Journée-En Après Midi-Le Soir,Répétez :

«pour mieux vaincre la peur»je décide d'agir comme les héros défavorisés

-je m'engage à modéliser le mental fort et stratégies des héros et héroïnes défavorisés

-je m'engage à lire des livres traitant du sujet de la peur(**en persévérant même là où les gens favorisés sont découragés)**

-je sais que la peur est ennemie de réussite bonheur,échec

-je refuse d'être paralysé par la peur(**en faisant preuve de beaucoup plus de détermination que les gens favorisés)**

-je décide de faire des recherches sur la peur**(en restant optimiste même là où les gens favorisés ont perdu tout espoir)**

-etc.

IMPORTANT:de préférence,répétez à haute voix.

-Répétez,faites ces entraînements pendant plusieurs jours(durées moyennes nécessaires pour avoir changements durables inconscients au niveau du subconscient -cerveau(plus de 60 jours de bonnes pratiques sans interruption)

-Rappels Importants :

a.Les héros défavorisés peuvent avoir des moments de faiblesse,de stress,de tristesse,...c'est pour ça qu'ils font des exercices quotidiens(consciemment ou inconsciemment)pour entretenir et développer leurs forces mentales

JOUR n°34

N°34.Exercice Pour Adopter Attitudes Et Habitudes Des héros Défavorisés«pour créer ou gérer un changement»

-Entraînements Quotidiens-Mise En Pratique ,Pour Reconditionner Et Habituer,Cerveau… Aux Nouveaux Choix Conscients

Au Réveil-En Pleine Journée-En Après Midi-Le Soir,Répétez :

«pour créer ou gérer un changement»j'ai décidé de m'inspirer des héros défavorisés

-je choisis de m'inspirer du mental fort et stratégies des héros et héroïnes défavorisés

-j'ai décidé de ne plus être stressé par la peur de changement **(en faisant preuve de beaucoup plus de détermination que les gens favorisés)**

-je sais que le changement est l'un des ingrédients indispensables,pour changer de vie

-je sais que certaines peurs sont là pour nous sensibiliser nous ouvrir les yeux

-je refuse d'être paralysé par la peur **(en persévérant même là où les gens favorisés sont découragés)**

-je décide de ne plus avoir la peur excessive de changement**(en restant optimiste même là où les gens favorisés ont perdu tout espoir)**

-etc

IMPORTANT:de préférence,répétez à haute voix.

-Répétez,faites ces entraînements pendant plusieurs jours(durées moyennes nécessaires pour avoir changements durables inconscients au niveau du subconscient -cerveau(plus de 60 jours de bonnes pratiques sans interruption)

JOUR n°35

N°35.Exercice Pour Adopter Attitudes Et Habitudes Des héros Défavorisés«pour mieux avancer avec ou sans licenciement»

-Entraînements Quotidiens-Mise En Pratique ,Pour Reconditionner Et Habituer,Cerveau… Aux Nouveaux Choix Conscients

Au Réveil-En Pleine Journée-En Après Midi-Le Soir,Répétez :

«pour mieux avancer avec ou sans licenciement»je décide de m'inspirer des héros défavorisés

-je décide de m'inspirer du mental fort et stratégies des héros et héroïnes défavorisés

-je m'engage à garder espoir même face au licenciement **(en faisant preuve de beaucoup plus de détermination que les gens favorisés)**

-je choisis de ne pas être le jouet de la peur**(en persévérant même là où les gens favorisés sont découragés)**

-je refuse d'être esclave de la peur de licenciement**(en restant optimiste même là où les gens favorisés ont perdu tout espoir)**

-je sais que certains licenciements ont attiré des opportunités à beaucoup de gens

-etc.

IMPORTANT:de préférence,répétez à haute voix.

-Répétez,faites ces entraînements pendant plusieurs jours(durées moyennes nécessaires pour avoir changements durables inconscients au niveau du subconscient -cerveau(plus de 60 jours de bonnes pratiques sans interruption)

-Rappels Importants :

a.Les héros défavorisés peuvent avoir des moments de faiblesse,de stress,de tristesse,...c'est pour ça qu'ils font des exercices quotidiens(consciemment ou inconsciemment)pour entretenir et développer leurs forces mentales

JOUR n°36

N°36.Exercice Pour Adopter Attitudes Et Habitudes Des héros Défavorisés«pour agir efficacement même en cas de perte d'opportunités»

-Entraînements Quotidiens-Mise En Pratique ,Pour Reconditionner Et Habituer,Cerveau… Aux Nouveaux Choix Conscients

Au Réveil-En Pleine Journée-En Après Midi-Le Soir,Répétez :

«pour agir efficacement même en cas de perte d'opportunités»je décide de modéliser les habitudes des héros défavorisés

-je m'engage à modéliser le mental fort et stratégies des héros et héroïnes défavorisés

-je choisirai d'avancer même en cas de pertes d'opportunités **(en faisant preuve de beaucoup plus de détermination que les gens favorisés)**

-je m'engage à devenir créateur d'opportunités

-je ferai tout mon possible pour créer des opportunités pour moi et les autres **(en persévérant même là où les gens favorisés sont découragés)**

-je choisis de rester optimiste,confiant**(en restant optimiste même là où les gens favorisés ont perdu tout espoir)**

-etc.

IMPORTANT:de préférence,répétez à haute voix.

-Répétez,faites ces entraînements pendant plusieurs jours(durées moyennes nécessaires pour avoir changements durables inconscients au niveau du subconscient -cerveau(plus de 60 jours de bonnes pratiques sans interruption)

JOUR n°37

N°37.Exercice Pour Adopter Attitudes Et Habitudes Des héros Défavorisés«pour mieux gérer tristesse »

-Entraînements Quotidiens-Mise En Pratique ,Pour Reconditionner Et Habituer,Cerveau… Aux Nouveaux Choix Conscients

Au Réveil-En Pleine Journée-En Après Midi-Le Soir,Répétez :

«pour mieux gérer tristesse »je m'engage à adopter des attitudes des héros défavorisés
(en persévérant même là où les gens favorisés sont découragés)

-je choisis de m'inspirer du mental fort et stratégies des héros et héroïnes défavorisés

-je décide de faire mon maximum d'effort pour apprendre à gérer tristesse**(en faisant preuve de beaucoup plus de détermination que les gens favorisés)**
(en restant optimiste même là où les gens favorisés ont perdu tout espoir)

-je sais qu'il est possible de diminuer la tristesse

-je sais que la tristesse et la gratitude sont incompatibles

-je sais que certaines tristesses sont inévitables

-je sais que le bonheur peut arriver après certaines tristesses

-etc.

IMPORTANT:de préférence,répétez à haute voix.

-Répétez,faites ces entraînements pendant plusieurs jours(durées moyennes nécessaires pour avoir changements durables inconscients au niveau du subconscient -cerveau(plus de 60 jours de bonnes pratiques sans interruption)

-Rappels Importants :

a.Les héros défavorisés peuvent avoir des moments de faiblesse,de stress,de tristesse,...c'est pour ça qu'ils font des exercices quotidiens(consciemment ou inconsciemment)pour entretenir et développer leurs forces mentales

JOUR n°38

N°38.Exercice Pour Adopter Attitudes Et Habitudes Des héros Défavorisés«pour mieux agir efficacement même en cas de pressions»

-Entraînements Quotidiens-Mise En Pratique ,Pour Reconditionner Et Habituer,Cerveau… Aux Nouveaux Choix Conscients

Au Réveil-En Pleine Journée-En Après Midi-Le Soir,Répétez :

«pour mieux agir efficacement même en cas de pressions»je choisis de m'inspirer des héros défavorisés

-je décide de m'inspirer du mental fort et stratégies des héros et héroïnes défavorisés

-je décide d'agir comme les héros défavorisés**(en faisant preuve de beaucoup plus de détermination que les gens favorisés)**

-je m'engage à agir avec ou sans pressions**(en persévérant même là où les gens favorisés sont découragés)**

-je m'engage à agir malgré les pressions

-je refuse d'être hypnotisé par la peur des pressions**(en restant optimiste même là où les gens favorisés ont perdu tout espoir)**

-je sais que un certain degré de pression est parfois nécessaire pour mieux éviter la complaisance,la négligence

-etc.

IMPORTANT:de préférence,répétez à haute voix.

-Répétez,faites ces entraînements pendant plusieurs jours(durées moyennes nécessaires pour avoir changements durables inconscients au niveau du subconscient -cerveau(plus de 60 jours de bonnes pratiques sans interruption)

JOUR n°39

N°39.Exercice Pour Adopter Attitudes Et Habitudes Des héros Défavorisés«afin de mieux agir efficacement même en cas de menaces »

-Entraînements Quotidiens-Mise En Pratique ,Pour Reconditionner Et Habituer,Cerveau... Aux Nouveaux Choix Conscients

Au Réveil-En Pleine Journée-En Après Midi-Le Soir,Répétez :

-je décide de faire tout mon possible pour mieux agir efficacement même en cas de menaces positives ou négatives**(en faisant preuve de beaucoup plus de détermination que les gens favorisés)**

-je m'engage à modéliser le mental fort et stratégies des héros et héroïnes défavorisés

-je sais que personne n'est à l'abri des menaces positives ou négatives

-je choisis de m'inspirer des gens qui savent gérer les menaces positives ou négatives **(en persévérant même là où les gens favorisés sont découragés)**

-Si nécessaire je refuserai d'être bloqué par la peur de menaces positives ou négatives

-je sais que certaines menaces peuvent se transformer en opportunités

-je choisirai de m'inspirer des gens qui savent avancer malgré les menaces positives ou négatives**(en restant optimiste même là où les gens favorisés ont perdu tout espoir)**

-etc.

IMPORTANT:de préférence,répétez à haute voix.

-Répétez,faites ces entraînements pendant plusieurs jours(durées moyennes nécessaires pour avoir changements durables inconscients au niveau du subconscient -cerveau(plus de 60 jours de bonnes pratiques sans interruption)

-Rappels Importants :

a.Les héros défavorisés peuvent avoir des moments de faiblesse,de stress,de tristesse,...c'est pour ça qu'ils font des exercices quotidiens(consciemment ou inconsciemment)pour entretenir et développer leurs forces mentales

JOUR n°40

N°40.Exercice Pour Adopter Attitudes Et Habitudes Des héros Défavorisés«pour mieux agir efficacement même en cas de doutes »

-Entraînements Quotidiens-Mise En Pratique ,Pour Reconditionner Et Habituer,Cerveau... Aux Nouveaux Choix Conscients

Au Réveil-En Pleine Journée-En Après Midi-Le Soir,Répétez :

«pour mieux agir efficacement même en cas de doutes»je décide de modéliser des attitudes des héros défavorisés

-je décide de m'inspirer du mental fort et stratégies des héros et héroïnes défavorisés

-je décide d'apprendre à agir efficacement même en cas de doutes**(en faisant preuve de beaucoup plus de détermination que les gens favorisés)**

-je ferai tout mon possible pour transformer les doutes en certitudes confiances**(en restant optimiste même là où les gens favorisés ont perdu tout espoir)**

-je refuse d'être hypnotisé par le doute**(en persévérant même là où les gens favorisés sont découragés)**

-je sais que certains doutes sont positifs

-je sais que certains doutes sont toxiques

-etc.

IMPORTANT:de préférence,répétez à haute voix.

-Répétez,faites ces entraînements pendant plusieurs jours(durées moyennes nécessaires pour avoir changements durables inconscients au niveau du subconscient -cerveau(plus de 60 jours de bonnes pratiques sans interruption)

JOUR n°41

N°41.Exercice Pour Adopter Attitudes Et Habitudes Des héros Défavorisés«pour mieux agir efficacement même en cas d'incertitude..»

-Entraînements Quotidiens-Mise En Pratique ,Pour Reconditionner Et Habituer,Cerveau… Aux Nouveaux Choix Conscients

Au Réveil-En Pleine Journée-En Après Midi-Le Soir,Répétez :

«pour mieux agir efficacement même en cas d'incertitude..»je choisis de me comporter comme les héros défavorisés

-je choisis de m'inspirer du mental fort et stratégies des héros et héroïnes défavorisés

-je décide de prendre l'habitude d'agir efficacement même en cas d'incertitude

-je sais que les winners agissent avec ou sans certitudes**(en faisant preuve de beaucoup plus de détermination que les gens favorisés)**

-je refuse d'agir comme les losers qui refusent de passer à l'action lorsqu'ils se trouvent dans l'incertitude**(en persévérant même là où les gens favorisés sont découragés)**

-(en restant optimiste même là où les gens favorisés ont perdu tout espoir)

-je sais que certaines incertitudes peuvent se transformer en avantages

-etc.

IMPORTANT:de préférence,répétez à haute voix.

-Répétez,faites ces entraînements pendant plusieurs jours(durées moyennes nécessaires pour avoir changements durables inconscients au niveau du subconscient -cerveau(plus de 60 jours de bonnes pratiques sans interruption)

-Rappels Importants :

a.Les héros défavorisés peuvent avoir des moments de faiblesse,de stress,de tristesse,...c'est pour ça qu'ils font des exercices quotidiens(consciemment ou inconsciemment)pour entretenir et développer leurs forces mentales

JOUR n°42

N°42.Exercice Pour Adopter Attitudes Et Habitudes Des héros Défavorisés«pour mieux agir efficacement même pendant les saisons difficiles..»

-Entraînements Quotidiens-Mise En Pratique ,Pour Reconditionner Et Habituer,Cerveau… Aux Nouveaux Choix Conscients

____

Au Réveil-En Pleine Journée-En Après Midi-Le Soir,Répétez :

«pour mieux agir efficacement même pendant les saisons difficiles..»je choisis d'adopter les habitudes des héros défavorisés

-je décide de m'inspirer du mental fort et stratégies des héros et héroïnes défavorisés

-je décide de prendre l'habitude d'agir efficacement même pendant les périodes compliquées**(en faisant preuve de beaucoup plus de détermination que les gens favorisés)**

-je ferai tout mon possible pour tirer de leçons à travers les périodes compliquées**(en restant optimiste même là où les gens favorisés ont perdu tout espoir)**

-je sais que les périodes compliquées sont temporaires

-je choisis de rester optimiste**(en persévérant même là où les gens favorisés sont découragés)**

-je ferai comme ceux qui profitent des périodes difficiles pour développer leurs forces mentales et psychologiques

-etc.

IMPORTANT:de préférence,répétez à haute voix.

-Répétez,faites ces entraînements pendant plusieurs jours(durées moyennes nécessaires pour avoir changements durables inconscients au niveau du subconscient -cerveau(plus de 60 jours de bonnes pratiques sans interruption)

JOUR n°43

N°43.Exercice Pour Adopter Attitudes Et Habitudes Des héros Défavorisés«afin de mieux passer à l'action même en cas de fatigue...»

-Entraînements Quotidiens-Mise En Pratique

,Pour Reconditionner Et Habituer,Cerveau… Aux Nouveaux Choix Conscients

Au Réveil-En Pleine Journée-En Après Midi-Le Soir,Répétez :

«afin de mieux passer à l'action même en cas de fatigue...»je choisis d'agir comme les héros défavorisés

-je m'engage à modéliser le mental fort et stratégies des héros et héroïnes défavorisés

-je décide de prendre l'habitude qui consiste à agir efficacement même en cas de fatigue

-je refuse d'être hypnotisé par la fatigue

-je choisis de me reposer un peu pour mieux vaincre la fatigue**(en faisant preuve de beaucoup plus de détermination que les gens favorisés)**

-je choisis de penser positivement pour mieux vaincre la fatigue**(en persévérant même là où les gens favorisés sont découragés)**

-je choisis de respirer convenablement pour mieux attirer de l'énergie **(en restant optimiste même là où les gens favorisés ont perdu tout espoir)**

-etc.

IMPORTANT:de préférence,répétez à haute voix.

-Répétez,faites ces entraînements pendant plusieurs jours(durées moyennes nécessaires pour avoir changements durables inconscients au niveau du subconscient -cerveau(plus de 60 jours de bonnes pratiques sans interruption)

-Rappels Importants :
a.Les héros défavorisés peuvent avoir des moments de faiblesse,de stress,de tristesse,...c'est pour ça qu'ils font des exercices quotidiens(consciemment ou inconsciemment)pour entretenir et développer leurs forces mentales

JOUR n°44

N°44.Exercice Pour Adopter Attitudes Et Habitudes Des héros Défavorisés«afin de mieux agir efficacement même en l'absence de résultats rapides..»

-Entraînements Quotidiens-Mise En Pratique ,Pour Reconditionner Et Habituer,Cerveau... Aux Nouveaux Choix Conscients

Au Réveil-En Pleine Journée-En Après Midi-Le Soir,Répétez :

«afin de mieux agir efficacement même en l'absence de résultats rapides..»je décide d'adopter les stratégies des héros défavorisés

-je choisis de m'inspirer du mental fort et stratégies des héros et héroïnes défavorisés

-je décide de reconditionner mon cerveau pour mieux agir efficacement même en l'absence des résultats rapides

-je refuse de perdre espoir**(en persévérant même là où les gens favorisés sont découragés)**

-je choisis d'être optimiste même si les résultats tarde à venir

-je décide d'activer mon potentiel de patience**(en faisant preuve de beaucoup plus de détermination que les gens favorisés)**

-je m'engage à rester persévérant**(en restant optimiste même là où les gens favorisés ont perdu tout espoir)**

-etc.

IMPORTANT:de préférence,répétez à haute voix.

-Répétez,faites ces entraînements pendant plusieurs jours(durées moyennes nécessaires pour avoir changements durables inconscients au niveau du subconscient -cerveau(plus de 60 jours de bonnes pratiques sans interruption)

-Rappels Importants :
a.Les héros défavorisés peuvent avoir des moments de faiblesse,de stress,de tristesse,...c'est pour ça qu'ils font des exercices quotidiens(consciemment ou inconsciemment)pour entretenir et développer leurs forces mentales

JOUR n°45

N°45.Exercice Pour Adopter Attitudes Et Habitudes Des héros Défavorisés«afin d'agir efficacement même en cas d'erreurs»

-Entraînements Quotidiens-Mise En Pratique

,Pour Reconditionner Et Habituer,Cerveau... Aux Nouveaux Choix Conscients

Au Réveil-En Pleine Journée-En Après Midi-Le Soir,Répétez :

«afin d'agir efficacement même en cas d'erreurs»je choisis de modéliser les héros défavorisés

-je décide de m'inspirer du mental fort et stratégies des héros et héroïnes défavorisés

-je décide de tirer des leçons de mes erreurs**(en faisant preuve de beaucoup plus de détermination que les gens favorisés)**

-je m'engage à tirer des leçons des erreurs des autres **(en persévérant même là où les gens favorisés sont découragés)**
(en restant optimiste même là où les gens favorisés ont perdu tout espoir)

-je sais que les erreurs peuvent se transformer en opportunités

-je sais que les erreurs peuvent aider à réussir en tirant des leçons de vie

Etc

IMPORTANT:de préférence,répétez à haute voix.

-Répétez,faites ces entraînements pendant plusieurs jours(durées moyennes nécessaires pour avoir changements durables inconscients au niveau du subconscient -cerveau(plus de 60 jours de bonnes pratiques sans interruption)

-Rappels Importants :
a.Les héros défavorisés peuvent avoir des moments de faiblesse,de stress,de tristesse,...c'est pour ça qu'ils font des exercices quotidiens(consciemment ou inconsciemment)pour entretenir et développer leurs forces mentales

JOUR n°46

N°46.Exercice Pour Adopter Attitudes Et Habitudes Des héros Défavorisés«afin de mieux agir efficacement même en cas de prises de tête en familles,couples..»

-Entraînements Quotidiens-Mise En Pratique

,Pour Reconditionner Et Habituer,Cerveau… Aux Nouveaux Choix Conscients

Au Réveil-En Pleine Journée-En Après Midi-Le Soir,Répétez :

«afin de mieux agir efficacement même en cas de prises de tête en familles,couples..»je décide de m'inspirer des héros défavorisés

-je m'engage à modéliser le mental fort et stratégies des héros et héroïnes défavorisés

-je décide de reprogrammer mon cerveau,pour mieux agir efficacement même en cas de prises de tête en familles,couples…**(en faisant preuve de beaucoup plus de détermination que les gens favorisés)**
-(en restant optimiste même là où les gens favorisés ont perdu tout espoir)

-je sais que certaines prises de tête sont des opportunités pour améliorer ses relations

-je refuse le désespoir

-je choisis de rester optimiste**(en persévérant même là où les gens favorisés sont découragés)**

-etc.

IMPORTANT:de préférence,répétez à haute voix.

-Répétez,faites ces entraînements pendant plusieurs jours(durées moyennes nécessaires pour avoir changements durables inconscients au niveau du subconscient -cerveau(plus de 60 jours de bonnes pratiques sans interruption)

JOUR n°47

N°47.Exercice Pour Adopter Attitudes Et Habitudes Des héros Défavorisés«afin de mieux agir efficacement même en cas de conflits avec des Amis et associés..»

-Entraînements Quotidiens-Mise En Pratique

,Pour Reconditionner Et Habituer,Cerveau… Aux Nouveaux Choix Conscients

Au Réveil-En Pleine Journée-En Après Midi-Le Soir,Répétez :

«afin de mieux agir efficacement même en cas de conflits avec des Amis et associés..»je choisis d'adopter des attitudes des héros défavorisés

-je choisis de m'inspirer du mental fort et stratégies des héros et héroïnes défavorisés

-je décide de prendre l'habitude d'agir efficacement même en cas de conflits avec des amis et associés **(en faisant preuve de beaucoup plus de détermination que les gens favorisés)**

-je sais que certains conflits sont des cadeaux déguisés en cauchemars

-au lieu de me plaindre je choisirai de transformer les conflits en opportunités**(en restant optimiste même là où les gens favorisés ont perdu tout espoir)**

-je sais que les conflits peuvent se transformer en cadeaux

-je dis non au pessimisme**(en persévérant même là où les gens favorisés sont découragés)**

-etc.

IMPORTANT:de préférence,répétez à haute voix.

-Répétez,faites ces entraînements pendant plusieurs jours(durées moyennes nécessaires pour avoir changements durables inconscients au niveau du subconscient -cerveau(plus de 60 jours de bonnes pratiques sans interruption)

-Rappels Importants :
a.Les héros défavorisés peuvent avoir des moments de faiblesse,de stress,de tristesse,...c'est pour ça qu'ils font des exercices quotidiens(consciemment ou inconsciemment)pour entretenir et développer leurs forces mentales

JOUR n°48

N°48.Exercice Pour Adopter Attitudes Et Habitudes Des héros Défavorisés«pour mieux conseiller les enfants les plus difficiles ou les plus sages»

-Entraînements Quotidiens-Mise En Pratique ,Pour Reconditionner Et Habituer,Cerveau… Aux Nouveaux Choix Conscients

Au Réveil-En Pleine Journée-En Après Midi-Le Soir,Répétez :

«pour mieux conseiller les enfants les plus difficiles ou les plus sages»je décide d'adopter les attitudes des héros défavorisés

-je m'engage à m'inspirer des experts de l'éducation**(en faisant preuve de beaucoup plus de détermination que les gens favorisés)**

-je décide de m'inspirer du mental fort et stratégies des héros et héroïnes défavorisés

-je lirai des livres sur l'éducation des enfants difficiles ou sages **(en persévérant même là où les gens favorisés sont découragés)**

-je refuse de perdre espoir

-je m'engage à avancer malgré les difficultés**(en restant optimiste même là où les gens favorisés ont perdu tout espoir)**

-je décide de ne pas baisser les bras
-etc.

IMPORTANT:de préférence,répétez à haute voix.

-Répétez,faites ces entraînements pendant plusieurs jours(durées moyennes nécessaires pour avoir changements durables inconscients au niveau du subconscient -cerveau(plus de 60 jours de bonnes pratiques sans interruption)

JOUR n°49

N°49.Exercice Pour Adopter Attitudes Et Habitudes Des héros Défavorisés«afin de mieux agir efficacement sans avoir des attentes excessives»

-Entraînements Quotidiens-Mise En Pratique ,Pour Reconditionner Et Habituer,Cerveau... Aux Nouveaux Choix Conscients

Au Réveil-En Pleine Journée-En Après Midi-Le Soir,Répétez :

«afin de mieux agir efficacement sans avoir des attentes excessives»je décide de m'inspirer des héros défavorisés

-je choisis de ne pas perdre espoir**(en faisant preuve de beaucoup plus de détermination que les gens favorisés)**

-je choisis de m'inspirer du mental fort et stratégies des héros et héroïnes défavorisés

-je m'engage à rester persévérant **(en restant optimiste même là où les gens favorisés ont perdu tout espoir)**

-je choisis de développer mon potentiel de patience

-je refuse le découragement**(en persévérant même là où les gens favorisés sont découragés)**

-je décide d'adopter l'habitude qui consiste à agir efficacement avec ou sans attentes excessives

-etc.

IMPORTANT:de préférence,répétez à haute voix.

-Répétez,faites ces entraînements pendant plusieurs jours(durées moyennes nécessaires pour avoir changements durables inconscients au niveau du subconscient -cerveau(plus de 60 jours de bonnes pratiques sans interruption)

-Rappels Importants :
a.Les héros défavorisés peuvent avoir des moments de faiblesse,de stress,de tristesse,...c'est pour ça qu'ils font des exercices quotidiens(consciemment ou inconsciemment)pour entretenir et développer leurs forces mentales

JOUR n°50

N°50.Exercice Pour Adopter Attitudes Et Habitudes Des héros Défavorisés«pour mieux agir avec compassion,empathie,sens d'investissement positif..»

-Entraînements Quotidiens-Mise En Pratique ,Pour Reconditionner Et Habituer,Cerveau… Aux Nouveaux Choix Conscients

Au Réveil-En Pleine Journée-En Après Midi-Le Soir,Répétez :

«pour mieux agir avec compassion,empathie,sens d'investissement positif..»je décide d'adopter les comportements des héros défavorisés

-je m'engage à modéliser le mental fort et stratégies des héros et héroïnes défavorisés

-je décide d'apprendre à agir avec beaucoup plus de compassion,empathie,sens d'investissement positif...**(en faisant preuve de beaucoup plus de détermination que les gens favorisés)**

-je choisis de développer mon potentiel de compassion **(en persévérant même là où les gens favorisés sont découragés)**

-je décide de développer mon potentiel d'empathie **(en restant optimiste même là où les gens favorisés ont perdu tout espoir)**

-etc.

IMPORTANT:de préférence,répétez à haute voix.

-Répétez,faites ces entraînements pendant plusieurs jours(durées moyennes nécessaires pour avoir changements durables inconscients au niveau du subconscient -cerveau(plus de 60 jours de bonnes pratiques sans interruption)

JOUR n°51

N°51.Exercice Pour Adopter Attitudes Et Habitudes Des héros Défavorisés«pour mieux maîtriser les dépenses»

-Entraînements Quotidiens-Mise En Pratique ,Pour Reconditionner Et Habituer,Cerveau... Aux Nouveaux Choix Conscients

Au Réveil-En Pleine Journée-En Après Midi-Le Soir,Répétez :

«pour mieux maîtriser les dépenses»je choisis de m'inspirer des héros défavorisés

____

-je choisis de m'inspirer du mental fort et stratégies des héros et héroïnes défavorisés

-je m'engage à lire des livres sur la gestion des dépenses et finances **(en restant optimiste même là où les gens favorisés ont perdu tout espoir)**

-je m'engage à ne pas dépenser au dessus de mes moyens **(en persévérant même là où les gens favorisés sont découragés)**

-je refuse de devenir esclave des dépenses**(en faisant preuve de beaucoup plus de détermination que les gens favorisés)**

-au lieu de devenir esclave des dépenses,je choisis d'apprendre à mieux gérer et à mieux gagner de l'argent
-je refuse de me comporter comme les losers qui dépensent plus que ce qu'ils ont
-etc.

IMPORTANT:de préférence,répétez à haute voix.

-Répétez,faites ces entraînements pendant plusieurs jours(durées moyennes nécessaires pour avoir changements durables inconscients au niveau du subconscient
-cerveau(plus de 60 jours de bonnes pratiques sans interruption)

-Rappels Importants :
a.Les héros défavorisés peuvent avoir des moments de faiblesse,de stress,de tristesse,...c'est pour ça qu'ils font des exercices quotidiens(consciemment ou inconsciemment)pour entretenir et développer leurs forces mentales

JOUR n°52

N°52.Exercice Pour Adopter Attitudes Et Habitudes Des héros Défavorisés«pour mieux agir efficacement même en cas de recherche d'emploi»

-Entraînements Quotidiens-Mise En Pratique ,Pour Reconditionner Et Habituer,Cerveau... Aux Nouveaux Choix Conscients

Au Réveil-En Pleine Journée-En Après Midi-Le Soir,Répétez :

«pour mieux agir efficacement même en cas de recherche d'emploi»je décide d'agir comme les héros défavorisés

-je décide de rester optimiste confiant même en cas de recherche d'emploi

-je décide de m'inspirer du mental fort et stratégies des héros et héroïnes défavorisés

-je refuse le désespoir**(en faisant preuve de beaucoup plus de détermination que les gens favorisés)**

-je refuse d'abandonner mes rêves**(en persévérant même là où les gens favorisés sont découragés)**

-je refuse de me comporter comme les losers qui perdent confiance en eux dès qu'ils sont en recherche d'emploi **(en restant optimiste même là où les gens favorisés ont perdu tout espoir)**

-etc.

IMPORTANT:de préférence,répétez à haute voix.

-Répétez,faites ces entraînements pendant plusieurs jours(durées moyennes nécessaires pour avoir changements durables inconscients au niveau du subconscient -cerveau(plus de 60 jours de bonnes pratiques sans interruption)

JOUR n°53

N°53.Exercice Pour Adopter Attitudes Et Habitudes Des héros Défavorisés«pour mieux **créer ou gérer business »(«face aux obstacles, difficultés…)**

-Entraînements Quotidiens-Mise En Pratique ,Pour Reconditionner Et Habituer,Cerveau… Aux Nouveaux Choix Conscients

Au Réveil-En Pleine Journée-En Après Midi-Le Soir,Répétez :

«pour mieux créer ou gérer business»je décide de m'inspirer des héros défavorisés

-je m'engage à lire des livres sur business,développement personnel,bien-être..**(en faisant preuve de beaucoup plus de détermination que les gens favorisés)**

-je m'engage à m'inspirer du mental fort et stratégies des héros et héroïnes défavorisés

-je décide d'adopter l'état d'esprit des grands business men et business women

---

-je choisis de rester confiant optimiste**(en restant optimiste même là où les gens favorisés ont perdu tout espoir)**

-je choisis de rester persévérant ?**(en persévérant même là où les gens favorisés sont découragés)**

-etc.

IMPORTANT:de préférence,répétez à haute voix.

-Répétez,faites ces entraînements pendant plusieurs jours(durées moyennes nécessaires pour avoir changements durables inconscients au niveau du subconscient -cerveau(plus de 60 jours de bonnes pratiques sans interruption)

-Rappels Importants :

a.Les héros défavorisés peuvent avoir des moments de faiblesse,de stress,de tristesse,...c'est pour ça qu'ils font des exercices quotidiens(consciemment ou inconsciemment)pour entretenir et développer leurs forces mentales

JOUR n°54

N°54.Exercice Pour Adopter Attitudes Et Habitudes Des héros Défavorisés«pour mieux développer état d'esprit,mental de fer,mental en acier»

-Entraînements Quotidiens-Mise En Pratique ,Pour Reconditionner Et Habituer,Cerveau... Aux Nouveaux Choix Conscients

Au Réveil-En Pleine Journée-En Après Midi-Le Soir,Répétez :

«pour mieux développer état d'esprit,mental de fer,mental en acier»je choisis d'adopter les habitudes des héros défavorisés

-je décide de m'inspirer du mental fort et stratégies des héros et héroïnes défavorisés

-je décide de développer mes forces mentales et psychologiques **(en faisant preuve de beaucoup plus de détermination que les gens favorisés)**
-je refuse de me focaliser sur mes points faibles**(en persévérant même là où les gens favorisés sont découragés)**

-je décide de concentrer mon attention sur du positif

-je choisis de renforcer mes forces psychologiques en faisant des affirmations positives

-en pratiquant la gratitude**(en restant optimiste même là où les gens favorisés ont perdu tout espoir)**

-etc.

IMPORTANT:de préférence,répétez à haute voix.

-Répétez,faites ces entraînements pendant plusieurs jours(durées moyennes nécessaires pour avoir changements durables inconscients au niveau du subconscient -cerveau(plus de 60 jours de bonnes pratiques sans interruption)

JOUR n°55

N°55.Exercice Pour Adopter Attitudes Et Habitudes Des héros Défavorisés«pour mieux agir avec super optimisme »

-Entraînements Quotidiens-Mise En Pratique ,Pour Reconditionner Et Habituer,Cerveau… Aux Nouveaux Choix Conscients

Au Réveil-En Pleine Journée-En Après Midi-Le Soir,Répétez :

« pour mieux agir avec super optimisme »je choisis de modéliser le super optimisme des héros défavorisés

-je décide de développer mon optimisme

-je choisis,de m'inspirer du mental fort et stratégies des héros et héroïnes défavorisés

-je dis «non » au pessimisme**(en faisant preuve de beaucoup plus de détermination que les gens favorisés)**

-je choisis de pratiquer des exercices d'affirmations au quotidien**(en persévérant même là où les gens favorisés sont découragés)**

-je choisis de pratiquer des exercices de visualisation optimiste**(en restant optimiste même là où les gens favorisés ont perdu tout espoir)**

-etc.

IMPORTANT:de préférence,répétez à haute voix.

-Répétez,faites ces entraînements pendant plusieurs jours(durées moyennes nécessaires pour avoir changements durables inconscients au niveau du subconscient -cerveau(plus de 60 jours de bonnes pratiques sans interruption)

JOUR n°56

N°56.Exercice Pour Adopter Attitudes Et Habitudes Des héros Défavorisés«pour mieux sortir de la zone de confort»

-Entraînements Quotidiens-Mise En Pratique ,Pour Reconditionner Et Habituer,Cerveau… Aux Nouveaux Choix Conscients

Au Réveil-En Pleine Journée-En Après Midi-Le Soir,Répétez :

«pour mieux sortir de la zone de confort»je décide de modéliser les stratégies et attitudes des héros défavorisés

-je m'engage à modéliser le mental fort et stratégies des héros et héroïnes défavorisés

-je décide de prendre l'habitude de sortir de ma zone de confort **(en faisant preuve de beaucoup plus de détermination que les gens favorisés)**

-je sais que de grosses opportunités sont cachées derrière la zone de confort

-je sais qu'il est impossible d'atteindre certains objectifs si on refuse de sortir de sa zone de confort

-je m'engage à sortir de ma zone de confort pour mieux atteindre mes objectifs**(en persévérant même là où les gens favorisés sont découragés)**

-je refuse le pessimisme**(en restant optimiste même là où les gens favorisés ont perdu tout espoir)**

-je dis non au désespoir

-etc.

IMPORTANT:de préférence,répétez à haute voix.

-Répétez,faites ces entraînements pendant plusieurs jours(durées moyennes nécessaires pour avoir changements durables inconscients au niveau du subconscient -cerveau(plus de 60 jours de bonnes pratiques sans interruption)

JOUR n°57

N°57.Exercice Pour Adopter Attitudes Et Habitudes Des héros Défavorisés«pour mieux agir en sacrifiant les choses inutiles »

-Entraînements Quotidiens-Mise En Pratique ,Pour Reconditionner Et Habituer,Cerveau… Aux Nouveaux Choix Conscients

Au Réveil-En Pleine Journée-En Après Midi-Le Soir,Répétez :

«pour mieux agir en sacrifiant les choses inutiles »je choisis de m'inspirer des héros défavorisés

-je choisis de m'inspirer du mental fort et stratégies des héros et héroïnes défavorisés

-je décide d'adopter l'attitude qui consiste à agir en sacrifiant les choses inutiles **(en faisant preuve de beaucoup plus de détermination que les gens favorisés)**

-(en restant optimiste même là où les gens favorisés ont perdu tout espoir)

-je sais qu'il n y a pas de succès sans sacrifice sans renoncement à quelque chose,comme gaspillage de temps ..

-je sais que chaque choix est un renoncement,comme un sacrifice de quelque chose

-je choisis de faire des sacrifices pour optimiser mes chances de réussir et d'être heureux**(en persévérant même là où les gens favorisés sont découragés)**

-etc.

IMPORTANT:de préférence,répétez à haute voix.

-Répétez,faites ces entraînements pendant plusieurs jours(durées moyennes nécessaires pour avoir changements durables inconscients au niveau du subconscient -cerveau(plus de 60 jours de bonnes pratiques sans interruption)

-Rappels Importants :

a.Les héros défavorisés peuvent avoir des moments de faiblesse,de stress,de tristesse,...c'est pour ça qu'ils font des exercices quotidiens(consciemment ou inconsciemment)pour entretenir et développer leurs forces mentales

JOUR n°58

N°58.Exercice Pour Adopter Attitudes Et Habitudes Des héros Défavorisés«pour mieux faire travail sur soi,apprentissage,Développement personnel»

-Entraînements Quotidiens-Mise En Pratique ,Pour Reconditionner Et Habituer,Cerveau… Aux Nouveaux Choix Conscients

Au Réveil-En Pleine Journée-En Après Midi-Le Soir,Répétez :

«pour mieux faire travail sur soi,apprentissage ,Développement personnel»je décide de modéliser les stratégies et astuces des héros défavorisés

-je décide de m'inspirer du mental fort et stratégies des héros et héroïnes défavorisés

-je décide de faire tout mon possible pour mieux faire travail sur soi,apprentissage,développement personnel **(en faisant preuve de beaucoup plus de détermination que les gens favorisés)**

-je m'engage à lire des livres de développement personnel**(en persévérant même là où les gens favorisés sont découragés)**

-je m'engage à écouter des conférences traitant des sujets de développement personnel

-je refuse d'être pessimiste**(en restant optimiste même là où les gens favorisés ont perdu tout espoir)**

-je choisis l'optimisme

-etc.

IMPORTANT:de préférence,répétez à haute voix.

-Répétez,faites ces entraînements pendant plusieurs jours(durées moyennes nécessaires pour avoir changements durables inconscients au niveau du subconscient -cerveau(plus de 60 jours de bonnes pratiques sans interruption)

JOUR n°59

N°59.Exercice Pour Adopter Attitudes Et Habitudes Des héros Défavorisés«pour mieux agir en utilisant la puissance des effets cumulés»

-Entraînements Quotidiens-Mise En Pratique ,Pour Reconditionner Et Habituer,Cerveau… Aux Nouveaux Choix Conscients

Au Réveil-En Pleine Journée-En Après Midi-Le Soir,Répétez :

«pour mieux agir en utilisant la puissance des effets cumulés»je choisis d'adopter les habitudes des héros défavorisés

-je choisis de m'inspirer du mental fort et stratégies des héros et héroïnes défavorisés

-je décide de profiter de la puissance des effets cumulés**(en faisant preuve de beaucoup plus de détermination que les gens favorisés)**

-je m'engage à ne jamais sous-estimer la puissance des petites actions**(en persévérant même là où les gens favorisés sont découragés)**

-je sais que l'accumulation de plusieurs petites actions,augmente la chance d'atteindre des objectifs.

-je m'engage à passer à l'action **(en restant optimiste même là où les gens favorisés ont perdu tout espoir)**

-je m'engage à agir régulièrement,quotidiennement

-etc.

IMPORTANT:de préférence,répétez à haute voix.

-Répétez,faites ces entraînements pendant plusieurs jours(durées moyennes nécessaires pour avoir changements durables inconscients au niveau du subconscient -cerveau(plus de 60 jours de bonnes pratiques sans interruption)

-Rappels Importants :
a.Les héros défavorisés peuvent avoir des moments de faiblesse,de stress,de tristesse,...c'est pour ça qu'ils font des exercices quotidiens(consciemment ou inconsciemment)pour entretenir et développer leurs forces mentales

JOUR n°60

N°60.Exercice Pour Adopter Attitudes Et Habitudes Des héros Défavorisés«pour mieux agir avec zéro paresse»

-Entraînements Quotidiens-Mise En Pratique ,Pour Reconditionner Et Habituer,Cerveau… Aux Nouveaux Choix Conscients

Au Réveil-En Pleine Journée-En Après Midi-Le Soir,Répétez :

«pour mieux agir avec zéro paresse»je choisis de m'inspirer des héros défavorisés

-je décide de moins fréquenter des gens paresseux**(en faisant preuve de beaucoup plus de détermination que les gens favorisés)**

-je m'engage à modéliser le mental fort et stratégies des héros et héroïnes défavorisés

-je refuse d'être dominé par la paresse**(en persévérant même là où les gens favorisés sont découragés)**

-je choisis de me focaliser sur les raisons qui me poussent à agir ou pas**(en restant optimiste même là où les gens favorisés ont perdu tout espoir)**

-je m'engage à écouter des vidéos motivantes

-etc.

IMPORTANT:de préférence,répétez à haute voix.

-Répétez,faites ces entraînements pendant plusieurs jours(durées moyennes nécessaires pour avoir changements durables inconscients au niveau du subconscient -cerveau(plus de 60 jours de bonnes pratiques sans interruption)

JOUR n°61

N°61.Exercice Pour Adopter Attitudes Et Habitudes Des héros Défavorisés«pour mieux agir avec patience»

-Entraînements Quotidiens-Mise En Pratique ,Pour Reconditionner Et Habituer,Cerveau... Aux Nouveaux Choix Conscients

Au Réveil-En Pleine Journée-En Après Midi-Le Soir,Répétez :

«pour mieux agir avec patience»je décide de m'inspirer des héros défavorisés

-je choisis de m'inspirer du mental fort et stratégies des héros et héroïnes défavorisés

-je m'engage à développer mon potentiel de patience**(en faisant preuve de beaucoup plus de détermination que les gens favorisés)**

-je sais que la patience est un des secrets des gens qui réussissent le plus

-je sais que pas de patience pas de vraie grande réussite

-je refuse le désespoir **(en persévérant même là où les gens favorisés sont découragés)**

-(en restant optimiste même là où les gens favorisés ont perdu tout espoir)

-etc.

IMPORTANT:de préférence,répétez à haute voix.

-Répétez,faites ces entraînements pendant plusieurs jours(durées moyennes nécessaires pour avoir changements durables inconscients au niveau du subconscient -cerveau(plus de 60 jours de bonnes pratiques sans interruption)

-Rappels Importants :
a.Les héros défavorisés peuvent avoir des moments de faiblesse,de stress,de tristesse,...c'est pour ça qu'ils font des exercices quotidiens(consciemment ou inconsciemment)pour entretenir et développer leurs forces mentales

JOUR n°62

N°.Exercice Pour Adopter Attitudes Et Habitudes Des héros Défavorisés«pour mieux développer un sens de persévérance»

-Entraînements Quotidiens-Mise En Pratique ,Pour Reconditionner Et Habituer,Cerveau... Aux Nouveaux Choix Conscients

Au Réveil-En Pleine Journée-En Après Midi-Le Soir,Répétez :

«pour mieux développer un sens de persévérance»je décide d'adopter les attitudes et stratégies des héros défavorisés

-je m'engage à persévérer malgré les difficultés**(en faisant preuve de beaucoup plus de détermination que les gens favorisés)**

-je décide de m'inspirer du mental fort et stratégies des héros et héroïnes défavorisés

-je sais que pas de persévérance pas de vraie réussite

-je choisis de développer mon potentiel de persévérance

-je refuse le découragement**(en persévérant même là où les gens favorisés sont découragés)**

-je refuse le désespoir **(en restant optimiste même là où les gens favorisés ont perdu tout espoir)**
-etc.

IMPORTANT:de préférence,répétez à haute voix.

-Répétez,faites ces entraînements pendant plusieurs jours(durées moyennes nécessaires pour avoir changements durables inconscients au niveau du subconscient -cerveau(plus de 60 jours de bonnes pratiques sans interruption)

PARTIE-III

Questions

Histoire de Monsieur A

-Après 11 mois de recherches d'emplois,Monsieur A vient d'obtenir un poste de directeur dans une entreprise informatique,pour un salaire!de 5000 euros par mois ! Monsieur A est ingénieur en informatique,premier de sa promotion
-Monsieur A est issu d'une famille modeste(une famille dite très pauvre)

b-Selon vous Monsieur A Est-il un héros défavorisé?
-si oui pourquoi ?
-si non pourquoi

Histoire de Madame B

a-issue d'un quartier populaire,(dit quartier pauvre) et d'une famille modeste,madame B vient d'être nommée en tête de la direction d'une entreprise,1 an après son obtention de diplôme!madame B est avocate,elle était la majeure de sa promotion pendant ses études;c'est une bosseuse

b-Selon vous Madame B Est-elle une héroïne défavorisée ?
-si oui pourquoi ?
-si non pourquoi ?

Histoire de Monsieur C

a-issu d'une famille modeste ,Monsieur C est devenu influençeur millionnaire à succès!il est le premier millionnaire de toute sa famille,1er millionnaire de son quartier modeste

b-Selon vous Monsieur C Est-il héros défavorisé ?
-Si oui pourquoi ?
-Si non pourquoi ?

Histoire De Madame D

a-issue d'une famille de riches aristocrates,madame D est devenue business woman à succès;
-à la différence des autres aristocrates,elle aime prendre des risques en prenant position sur des sujets politiques considérés comme tabous chez les aristocrates

b-Selon vous Madame D Est-elle une héroïne défavorisée ?
-si oui pourquoi ?
-si non pourquoi

SUR L'AUTEUR

Encouragements

1. Dans presque tous mes livres, vous découvrirez mes messages mes citations, ayant pour ambitions de vous encourager à rester optimistes, à garder espoir même face aux pires, à vous apprécier davantage, à pardonner à vous-même, à vous sentir fiers de vous de suite sans attendre d'obtenir quoi que ce soit car vous avez déjà tout ce qu'il faut pour être fiers de vous ,même si les conditionnements négatifs et les critiques des autres essaient de vous dire le contraire

2. Dans presque tous mes livres j'ai essayé de vous rappeler que les déceptions, erreurs, échecs, difficultés...peuvent se transformer en avantages, opportunités, certaines difficultés sont là pour préparer l'arrivée de votre bonheur, pour développer votre état d'esprit, et développer vos connaissances

3. Dans presque tous mes livres, j'ai essayé de vous répéter que les gens au sommet ne sont pas mieux que vous

4. Dans presque tous mes livres j'ai essayé d'expliquer l'idée que : aucun être humain ne peut survivre sans solidarité et ou soutiens des autres, et que personne n'échappe à cette règle de la nature

5. Dans presque tous mes livres j'ai tenté d'expliquer, que la solidarité, la réussite et le bonheur sont frères et sœurs tandis que l'égoïsme, l'ignorance inconsciente, le pessimisme, l'échec sont cousins et cousines proches

6. Dans presque tous mes livres, j'ai tenté de vous encourager à être fiers de vous, en expliquant que vous avez déjà tout ce qu'il faut pour être fiers de vous, de suite sans attendre d'obtenir quoi que ce soit

7. Sur mes sites internet, et les réseaux sociaux

Facebook, YouTube, Instagram, Twitter etc. j'ai l'habitude de publier des messages réconfortants

8. Je recommande aux gens de prendre l'habitude d'hypnotiser leur cerveau, âme, esprit, cœur, avec des pensées, idées et croyances réconfortantes optimistes ;

9. Je recommande aux gens de prendre l'habitude de dés-hypnotiser leur subconscient, corps, âme, esprit, des graines de négativités (peur, pessimisme,culpabilité, baisse d'estime et de confiance en soi

10.je recommande aux gens de remplacer la haine, le racisme, Par la solidarité, la compassion, le partenariat gagnant gagnant

11.Je recommande aux gens de ne pas devenir esclaves des choses ni de qui que ce soit … ! certains sont si obsédés par certains objets, qu'ils finissent par devenir esclaves de ces objets

Important : malgré mes diplômes, je sais que la plus grande université, reste la vie. C'est dans la vraie vie qu'on apprend le plus. On ne connaît absolument rien du tout en comparaison avec tout ce qu'on ignore

Vous pouvez vous demander pourquoi je fais tout ça ? Pourquoi je me suis engagé à encourager les gens même quand je suis triste ?

-Pourquoi je m'engage à dévoiler aux gens les secrets de productivité positive, gestion de temps afin d'accélérer la réalisation de leurs rêves

Malgré moi, des décès précoces de certains de mes proches, puis le suicide (filmé en vidéo) d'une adolescente en manque d'espoir, des injustices, des sentiments de discriminations, des conditionnements négatifs, l'absence de prise de conscience, m'ont traumatisé et m'ont forcé à prendre l'habitude d'agir dans le présent, sans attendre le futur.

Voici En Partie Pourquoi je me suis engagé Pour Encourager Les Gens Même Quand Je Suis Triste :

La vidéo du suicide d'une adolescente en manque d'espoir :

La Vidéo du suicide d'une adolescente en manque d'espoir, combinée avec les tristes décès de mon jeune père, puis le triste décès de mon petit frère qui avait perdu la vie à 4 ans, plus les injustices, les discriminations les conditionnements négatifs, l'absence de prise de conscience, me forcent à lutter pour créer espoir, solidarité, optimisme, estime de soi, pardon pour soi-même. !

Avant de se suicider en direct par vidéo, l'adolescente espérait que quelqu'un lui donne espoir, parmi ceux qui regardaient sa vidéo, mais rien n'y fait, au lieu de lui témoigner espoir, amour, compassion solidarité,

Promesse. Certains inconscients barbares, l'ont même encouragée à se suicider ; c'était incroyable mais vrai, les vidéos sont encore disponibles sur internet

Nb. Lorsque j'ai vu la vidéo, c'était déjà trop tard, l'adolescente avait déjà mis fin à ses jours en direct par internet ! C'est trop triste

Explications

Comme je disais, En plus des décès de mon père et de mon petit frère, je suis tombé sur la vidéo de suicide d'une adolescente en manque d'espoir

. j'ai été marqué par des décès précoces, j'ai malheureusement perdu mon père pendant mon adolescence, de même j'ai malheureusement perdu un de mes petits frères pendant mon adolescence ,.,mon petit frère avait perdu la vie à 4 ans il n'avait que 4 ans, c'était traumatisant, ça marque à vie, le décès de mon père est aussi traumatisant et marquant; Malgré moi, le décès de mon père m'a montré l'urgence d'agir dans le moment présent ! mon père était décédé jeune, il était jeune Docteur vétérinaire, il venait d'être renommé au poste du directeur général national, mon père a perdu la vie au moment des passations de service. Ce décès m'a montré l'urgence de profiter du moment présent, et qu'il ne faut pas sacrifier le moment présent dans l'espoir d'avoir du succès

Dr Docpolyvalent, auteur à succès et fondateur de plusieurs associations ONG, et grands groupes de solidarité, partenariat, soutiens. Auteur engagé pour Encourager

Les autres pour créer espoir, solidarité, optimisme, estime de soi, partenariat, réussites.

. Docpolyvalent est aussi fondateur de la méthode : y s r d yes solidarité, réciproque, dynamique appelée aussi méthode : yes partenariat gagnant gagnant

Associations, ONG, et groupes Facebook de solidarité et ou partenariat, fondés par Dr Docpolyvalent :

Associations et ONG : Amis Des Victimes, ONG Sensibilisations, Victime existe....

Groupe Facebook : famille des êtres humains **Groupe Facebook**

: club africains, européens, américains, asiatiques, doivent se soutenir

Groupe Facebook : club yes partenariat gagnant gagnant

Groupe Facebook : club amis des victimes

Groupe Facebook : amis des victimes asso groupe

Groupe Facebook : club tous doivent se soutenir

Groupe Facebook : livres hypnose neurosciences pnl, ...

Groupe Facebook : coachings formations hypnose pnl neurosciences

Groupe Facebook : club yes se soutenir

Groupe Facebook : Docpolyvalent Amazon livres

Groupe Facebook : vidéos neuro- hypnotiques

Groupe Facebook : Etc.

Groupe Facebook :

Important : la somme des membres de l'ensemble des groupes fondés par Dr Docpolyvalent peut atteindre le (million) de membres

Dr Docpolyvalent encourage les gens à être polyvalents, à exploiter leurs dons naturels ou pas

-Dr Docpolyvalent, auteur à succès et fondateur de plusieurs associations, ONG, et plusieurs grands groupes de solidarité, partenariat, soutiens....

Auteur engagé pour encourager les autres et pour créer espoir, solidarité, optimisme, estime de soi.

-Pour rejoindre gratuitement la liste des membres privilégiés qui reçoivent des avantages et qui sont au courant des opportunités, événements, Discussions, conférences... :

-Vous avez la possibilité de vous désabonner à tout moment gratuitement, même si ça n'arrive pas souvent de voir un membre se désabonner, la plupart des membres préfèrent rester membres ; Voici le lien, dont il faut cliquer et confirmer après, si non, le site ne prendra pas en compte :

http://eepurl.com/gnglur

Important : malgré mes diplômes, je sais que la plus grande université, reste la vie. C'est dans la vraie vie qu'on apprend le plus. On ne connaît absolument rien du tout en comparaison avec tout ce qu'on ignore

-Dr Docpolyvalent est titulaire d'un diplôme de docteur vétérinaire + Master en santé publique humaine (obtenu en faculté de médecine de rennes France) + Formation de médecine humanitaire (faculté de médecine et de pharmacie de rennes France) la peur m'a forcé à obtenir mes diplômes en étant jeune

Citations Populaires de Dr Docpolyvalent :

- je n'autoriserai personne, à me battre en matière d'efforts pour

Productivité, travail..! Dr Docpolyvalent ! Faites comme moi ! Dr Docpolyvalent

-Ne laissez pas la haine et le racisme, altérer votre santé, énergie vitale, espérance de vie, bien-être, beauté. ! Refusez d'être raciste, refusez d'être haineux, votre vie est précieuse ! Dr Docpolyvalent

-Alors que la solidarité est sœur de bonheur, réussite, paix intérieure, Le racisme, la haine, la discrimination, le pessimisme, sont des cousins de l'échec, diminution d'opportunités, tristesse, risque de dégradation de santé ! Choisissez votre camp, je vous recommande de choisir

L'équipe de solidarité… ; Dr Docpolyvalent

-certaines difficultés sont des opportunités déguisées en cauchemars. Ne jamais perdre espoir ! **Dr Docpolyvalent**

-Même si l'argent est certes important, il ne doit aucunement pas être mis devant les êtres humains, ni devant les animaux, ni devant la solidarité, la compassion.

-Soyez fier de vous, de suite, sans attendre d'obtenir quoi que ce soit, vous avez déjà tout ce qu'il faut pour être fier de vous ; même si les conditionnements négatifs, et les critiques des autres semblent vous dire le contraire**. Dr Docpolyvalent**

-Never Never Never Give-Up.: Ne jamais Jamais abandonner rêve, espoir...**Dr Docpolyvalent**

-les gens au sommet ne sont pas mieux que vous. **Dr Docpolyvalent**

-Gardez espoir, restez optimiste, votre saison de chance va arriver, votre printemps va arriver**. Dr Docpolyvalent**

-Ensemble, les soucis se cachent et fuient ! Habituons cerveaux à agir ensemble ! **Dr Docpolyvalent**

-Plusieurs cerveaux sont nFois plus efficaces que 1 seul cerveau ! **. Dr Docpolyvalent**

-Plus vous tournez le dos en disant non à la discrimination, non au racisme, stop à la haine. Plus vous décuplez vos chances d'attirer Et ou de garder : opportunités, bonheur, réussite.... **Dr docpolyvalent**

-Ne jamais se décourager, certains échecs attirent des opportunités. **Dr Docpolyvalent**

-Les gens qui réussissent le plus ont des points en communs, ils sont persévérants, ils agissent en groupe, équipe. **Dr Docpolyvalent**

-Semez dans votre âme, cœur, esprit, des graines d'espoir, de valorisation de soi, d'estime de soi, d'Amour de soi, de respect de soi. **Dr docpolyvalent**

-Dés-hypnotisez votre cerveau des graines de négativités comme : pessimisme, stress, peurs, haine, colère,

Jalousie.... **Dr Docpolyvalent**

-Souvenez-vous de ceci : la solidarité et l'optimisme sont sources de bonheur, réussite, paix intérieure. **Dr docpolyvalent**

-Les gens au sommet ne sont pas mieux que vous, ils ont beaucoup plus de soutiens énergétiques dynamiques. Que vous. **Dr docpolyvalent**

-Votre cerveau est capable. **Dr docpolyvalent**

-Faites comme moi je me classe parmi les tops 5 des grands experts au monde de mon domaine car l'homme devient ce qu'il croit en général : nul ou top**. Dr docpolyvalent**

-Les Gens au sommet ne sont pas mieux que vous, Ils ont profité des réseaux, des relations, des soutiens.... **Dr Docpolyvalent**

-Gardez le moral, votre printemps va arriver, votre saison de chance va arriver. **Dr docpolyvalent**

-l'égoïsme est cousin du stress, échec, souffrance, éloignez votre votre cerveau des gens égoïstes haineux. **Protégez votre vie, votre santé votre bien-être.... dr docpolyvalent**

-Votre cerveau est comme un jardin, empêchez les gens égoïstes haineux de semer des graines de souffrance, stress dans votre cerveau, âme, cœur... ! **votre vie et votre santé sont précieuses; protégez les !. . Dr docpolyvalent**

-la solidarité est sœur de bonheur réussite paix intérieure, tandis que l'égoïsme est frère de l'échec, stress, galère ; faites le bon choix ! **. Dr docpolyvalent**

Nb- Restez solidaires, la roue tourne, ne l'oubliez jamais ! **.Dr docpolyvalent**

-Nb- on n'est rien sans les autres, la réciproque n'est pas moins vraie**. Dr docpolyvalent**

Nb- n'écoutez pas les confusionnistes qui font croire à tort qu'on peut s'en sortir seul ; si tout le monde nous abandonne, délaisse, on ne survivrait pas! Personne n'échappe à cette règle ! **.Dr docpolyvalent**

-Nb- on a un besoin vital et inconscient de réciprocité, en effet l'être humain a besoin d'aider et d'être aidé pour être heureux de manière durable! **.Dr docpolyvalent**

-Nb- Sans solidarité le monde pourrait disparaître ou s'anéantir ou se dégrader davantage**. Dr docpolyvalent**

-le racisme, la haine, et la discrimination sont cousins de souffrances, maladies, échecs. Tandis que la solidarité, la compassion et l'optimisme sont cousins de bonheur, réussite, opportunités...choisissez le bon camp**. Dr docpolyvalent**

-On ne connaît absolument rien du tout en comparaison avec tout ce qu'on ignore**. Dr docpolyvalent**

-Ne jamais mettre l'argent devant les êtres humains, même si l'argent est bien sûr important pour aider les autres**. Dr docpolyvalent**

-Même si l'argent est important pour survivre dans certaines régions du monde, l'argent ne doit en aucun cas être mis devant les êtres humains, ni devant l'amour, la solidarité, la compassion. **.Dr docpolyvalent.**

-certains échecs sont des opportunités déguisées en cauchemars. Chérissez les !**Dr docpolyvalent**

Important : malgré mes diplômes, je sais que la plus grande université, reste la vie. C'est dans la vraie vie qu'on apprend le plus. On ne connaît absolument rien du tout en comparaison avec tout ce qu'on ignore. Dr **docpolyvalent**

Quelques-uns des livres de Dr Docpolyvalent Oumarou Ousmane

-Livre : Bloquer Pervers Narcissiques Avec Techniques De L'hypnose Honnête

-Livre : Inductions Hypnotiques Honnêtes Impliquant Les Sagesses De Sophrologie

-Livre : Comment Devenir Comme Extraterrestre De

Productivité Et De Gestion De Temps (Tout En Pensant à Santé, Solidarité)

-Livre :105 Méthodes D'hypnose pour hypnotiser

(Honnêtement) tout le monde, même votre chat ou

Votre chien

-Livre :60 Exercices d'hypnose pour atteindre divers objectifs et hypnotiser honnêtement

-Livre : 65 méthodes d'inductions hypnotiques pour hypnotiser(honnêtement) n'importe quel cerveau

---

-Livre 1000 métaphores hypnotiques et techniques d'hypnose pour hypnotiser honnêtement (version 3)

-1-Habituer Cerveau aux meilleurs secrets des gens super optimistes qui ont bonheur, opportunités, prospérité en presque tout (bonheur, amour, argent.

2-Reconditionner Cerveau pour trouver bonheur opportunités en diminuant peurs, discriminations.

3-Libérer Cerveau pour gérer peurs, stress, phobies, angoisses, dépressions, anxiété...

4-Programmer Cerveau pour être heureux optimiste, créatif dans moment présent, même si on n'a pas ce qu'on veut, même si on nous dit non

5-Adapter Cerveau aux 100 secrets des femmes qui savent

(tourner la tête des hommes, garder les hommes, rendre les hommes fidèles)

6-Les Habitants de la forêt enseignent les secrets du bonheur

7-Comme Des Fous, on oublie la chance qu'on a d'avoir tout ce qu'on a pour être heureux, jusqu'à ce qu'il arrive le pire

8-La Femme qui a fait rêver les hommes

9-Comment Devenir Ou Rester Femme Idéale fantasme de son propre chéri, mari.

10-Comment Atteindre ses objectifs avec la méthode Y S R D yes solidarité réciproque dynamique (y s r d)

. Etc...

-ROMAN-Propositions trop malsaines (je te propose 1 milliard de dollars pour te posséder par amour, pour que tu m'appartiennes...

-ROMAN-Amour, Et Contrats Diaboliques

-ROMAN-Amour Plus Manipulation

-ROMAN-Côtés Obscurs du Prince Charmant

-ROMAN-Le Passé Sombre De La Future Mariée

-LIVRE-Comment Devenir Super Productif Super Efficace En Habituant Cerveau Aux Habitudes Prioritaires

-LIVRE-HABITUDES Prioritaires Des Gens Qui Réussissent Le Plus Et Le Plus Rapidement Possible

-LIVRE-HABITUDES PRIORITAIRES Des Gens Qui Attirent Et Gardent L'amour Rapidement

-ROMAN-500 Histoires Sur Les Gens Qui Sont Heureux Malgré Difficultés Drames

-LIVRE-2000 idées Pour Obtenir Ce Que Vous Voulez

-ROMAN-1000 Histoires Sur L'amour Inattendu Avec Bad Boy Ou Bad Girl

-Etc...

Pour Contacter docpolyvalent, ses associations-ONG, ses clubs de partenariats, soutiens, et voir ses nouveautés, événements et actualités :

-Site internet :www.DocPolyvalent.fr

-DocPolyvalent@gmail.com

-Facebook : Docpolyvalent écrivain...

-Groupe Facebook : Club Yes Partenariat Gagnant Gagnant, Club Yes Se Soutenir ..

-YouTube : Docpolyvalent

-Instagram : Docpolyvalent

-Twitter : Docpolyvalent

-etc.

Métaphores et histoires parfois marrantes parfois inspirantes

1-l'optimiste qui pleure en disant à Dieu :« s'il te plaît Dieu, pourquoi tu ne m'envoies plus de problèmes et de soucis depuis longtemps ? Tu ne me fais plus confiance pour gérer les soucis ? Si je n'ai pas de soucis, comment je peux grandir apprendre, réussir ? S'il te plaît Dieu, envoie-moi quelques problèmes » ! **Ça a fait Rires certains, tout en inspirant d'autres**

2-tout le monde est né génie c'est la société qui nous de-génialise ! **Ça a fait Rires certains, tout en inspirant d'autres**

3-Un sage a dit : nous les êtres humains nous sommes tous fous, on pense connaître beaucoup de choses, la seule raison pour laquelle nous ne sommes pas dans des asiles d'aliénés, c'est parce que nous sommes trop nombreux ! **Ça a fait Rires certains, tout en inspirant d'autres**

4-l'élève qui dit à son maître : puisqu'en bossant 12h par jour il me faudrait 10 à 15 ans de pratique pour devenir expert ; que se passera t'il si je bosse 20 h par jour ? Combien de temps me faudra-t-il pour devenir maître si je bosse à ce rythme de 20 h par jour au lieu de 12h :

Le maître répondit : « dans ce cas, il te faudrait 20 à 30 ans pour devenir maître expert, puisque tu as besoin de périodes de lâcher prise » **Ça a fait Rires certains, tout en inspirant d'autres**

5-Un dépressif dit à son pote et thérapeute :«je te donnerai 3000 ou 5000 USD si tu me dis l'endroit dont tu disais que tout le monde est sans soucis, sans problème, l'endroit où il y a zéro problème, et le thérapeute répondit : « Cimetière » ! **Ça a fait Rires certains, tout en inspirant d'autres**

Leçon à retenir : seuls les gens qui sont au cimetière n'ont pas de soucis, les soucis sont signes de vie, c'est celui qui n'a aucun problème qui doit s'inquiéter le plus

6-Votre vie ne va pas changer jusqu'à ce que vous changiez le problème qui se nomme vous. ! **Ça a fait Rires certains, tout en inspirant d'autres**

7- Un sage a dit :«il y a des gens qui naissent dans le sommeil(inconsciemment), ils grandissent dans le sommeil(inconsciemment), ils se marient dans le sommeil(inconsciemment), ils font des bébés dans le sommeil(inconsciemment),et meurent dans le sommeil(inconsciemment) sans avoir pris conscience des choses les plus importantes de la vie, les secrets de la vie ,bonheur, réussite.. »! **Ça a fait Rires certains, tout en inspirant d'autres**

8-La grand-mère qui ne savait pas pratiquer la gratitude ! Après avoir pleuré en demandant au vent de lui ramener son petit-fils emporté par le vent à la plage, la grand-mère n'a même pas pensé à remercier le vent de lui avoir ramené son petit-fils ; la grand-mère a préféré plutôt se plaindre en disant au vent :« certes tu m'as ramené mon petit-fils, mais mon petit fils avait une casquette avec lui, tu n'as pas ramené la casquette »! **Ça a fait Rires certains, tout en inspirant d'autres**

Table of Contents

Atteindre Objectifs Grâce Au Mental Fort Des Héros Et Héroïnes Défavorisés

Dr Docpolyvalent Oumarou Ousmane

I

www.ingramcontent.com/pod-product-compliance
Lightning Source LLC
La Vergne TN
LVHW050626051026
849532LV00002B/292
* 9 7 8 2 9 0 1 0 1 7 2 8 8 *